D1618184

Schriftenreihe „Praktische Psychologie"
herausgegeben von Harald Petri, Viersen

Band XII

# DIE WÜRDE DES MENSCHEN IST UNANTASTBAR

redaktionell bearbeitet
von
Harald Petri und Walter Simm

Studienverlag Dr. N. Brockmeyer
Bochum 1988

CIP-Titelaufnahme der Deutschen Bibliothek

Die **Würde des Menschen ist unantastbar** / red. bearb.
von Harald Petri u. Walter Simm. – Bochum: Studienverl.
Brockmeyer, 1988.
   (Schriftenreihe praktische Psychologie; Bd. 12)
   ISBN 3-88339-683-4

NE: Petri, Harald [Bearb.]; GT

ISBN 3-88339-683-4
© 1988 by Studienverlag Dr. N. Brockmeyer
Querenburger Höhe 281, 4630 Bochum 1
Gesamtherstellung: Druck Thiebes GmbH & Co KG Hagen

# I N H A L T S V E R Z E I C H N I S

=====================================

V o r b e m e r k u n g

Die Studiengesellschaft für praktische Psychologie e.V. hat
sich in ihrem Gründungsjahr 1947 - schon kurz nach den ver-
heerenden Auswirkungen des zweiten Weltkriegs - in Bad Pyrmont
von Anfang an i n t e r f a k u l t a t i v konstituiert und
führt seitdem Jahrestagungen unter Rahmenthemen durch, die heutzutage jedermann angehen und somit allein schon "interdisziplinär"
ausgerichtet sein müssen. Dabei ist der Leitgedanke, die praktische Psychologie und die breiteste Auswertung ihrer Ergebnisse
in gemeinsamer Arbeit aller beteiligten Disziplinen zu entwickeln
und der Allgemeinheit nutzbar zu machen.

Das Thema der 44. Tagung lautete: "Die Würde des Menschen ist
unantastbar". Diese bedeutsame Aussage, entlehnt dem Beginn des
Grundgesetzes der Bundesrepublik Deutschland, sollte zugleich
"würdevoll" das 40jährige Jubiläum unserer wissenschaftlichen
Gesellschaft gleichsam umranken.
Gedanken um Menschenwürde haben uns bei Planung und Durchführung
solcher interdisziplinärer Tagungen über die hinter uns liegenden
vier Jahrzehnte immer begleitet.
Was meinen wir, wenn wir das Wort Menschenwürde aussprechen und
was empfinden wir, wenn wir uns diesen Begriff gedanklich ver-
gegenwärtigen, wenn wir die mit diesem Begriff in Zusammenhang
stehenden Erlebnisse auf uns einwirken lassen?
Läßt sich die Würde des Menschen erklären, begreifen, verstehen,
klar definieren?
Wir neigen dazu, diese Fragen nicht zu stellen. Es wird allgemein
als selbstverständlich angenommen, daß jeder erwachsene Mensch
weiß, was Würde ist und es bedarf dazu keiner besonderen Erklärung.
Menschliche Qualitäten wie die Fähigkeit zu bewußtem Leben, wie
die Fähigkeit, ethische Werte anzuerkennen, wie die Veranlagung
zu grenzüberschreitendem Denken gehören sicher zu den Elementen
eines Bildes vom Menschen, dem wir eine Würde zuschreiben.
Der Begriff Würde läßt sich nicht durch logische Schlußfolgerung
aus Sachverhalten ableiten, und er kann erst recht nicht aus

einem kausalen Zusammenhang, d.h. als direkte Folge von natürlichen Ereignissen erkannt werden.

Die Menschenwürde ist originär, von ihrer Existenz geht man
aus, sie setzt einen Anfang. Sie zeichnet den aus, der die
Frage nach dem Sinn des Daseins ernst nimmt.

Tatsächlich kann Menschenwürde nur vom Menschen erlebt werden.
Dies ist ein vorwiegend aus der Empfindung stammender Ansatz
zur Erfassung des Inhaltes des Begriffs Menschenwürde. Er besteht im wesentlichen darin, daß man eine Beziehung zu Qualitäten des Menschseins herstellt, die offensichtlich zum Umfeld des Begriffs "Würde" gehören.

Es gibt aber auch Denkansätze, mit denen versucht wird, Qualitäten wie das Denken und das Bewußtsein des Menschen einfach
auf physikalische Vorgänge zurückzuführen und damit geistige
Funktionen auf kausale Zusammenhänge zu reduzieren.

Vielleicht ist aber gerade der Versuch der gewaltsamen Elimi-
nation von nicht kausal erklärbaren Begriffen der beste Be-
weis für die Unausweichlichkeit der Annahme solcher Begriffe,
wenn man bei dem Versuch erkennt, daß diese Vereinfachung unzulässig ist.

In dem Buch "Automat und Mensch" geht Karl Steinbuch[*] von
folgendem Grundgedanken aus:
"Was wir an geistigen Funktionen beobachten, ist Aufnahme,
Verarbeitung, Speicherung und Abgabe von Informationen. Auf
keinen Fall scheint es erwiesen oder auch nur wahrscheinlich
zu sein, daß zur Erklärung geistiger Funktionen Voraussetzungen gemacht werden müssen, welche über die Physik hinausgehen."

Bei u n k r i t i s c h e r Betrachtung dieser Hypothese
könnte man daraus Schlüsse ziehen, die für den Begriff
"Menschenwürde" wenig Raum lassen. So kommt Steinbuch nach

---

[*] Karl Steinbuch: "Automat und Mensch"
Springer-Verlag Berlin - Heidelberg - New York 1971

seinen an diesen Grundgedanken anschließenden Betrachtungen
u.a. zu folgendem Schluß:

"Im Interesse der Praktikabilität sollte man meines Erachtens
die Schuld nicht durch die Realität oder Irrealität des freien
Willens begründen, sondern einfach und pragmatisch postulieren, daß bestimmte Fehlleistungen mit bestimmten Nachteilen
quittiert werden. Ob dieser Tatbestand dann mit dem Terminus
"Schuld" identifiziert wird, ist von untergeordneter Bedeutung. Das Postulat: Bestimmte Fehlleistungen werden mit bestimmten Nachteilen quittiert, ist meines Erachtens sowohl
für die Verhaltenssteuerung von Menschen als auch für die Verhaltenssteuerung von Automaten durchaus anwendbar."

Man vermißt hier den Zusatz, daß diese Art der Verhaltenssteuerung auf den Menschen zwar anwendbar, aber bei weitem
nicht ausreichend ist.
Begriffe wie Willensfreiheit, Pflichtgefühl, Gewissen kommen
in dieser Aussage nicht mehr vor.
Natürlich kann ein kurzer Auszug aus einem langen Text ent-
stellend wirken, wenn man die übrigen Erklärungen des Autors
nicht wiedergibt. Ginge man aber von der Darstellung in diesen wenigen Sätzen aus, so hätte man ernsthafte Schwierigkeiten, damit noch einen Begriff Menschenwürde zu bilden.

Bei k r i t i s c h e r Untersuchung des oben zitierten Grund-
gedankens, besonders der Physik, die im Zusammenhang mit der
Erklärung geistiger Funktionen genannt wird, muß man zunächst
davon ausgehen, daß die Physik als Wissenschaft von den Naturgesetzen erst durch die geistige Auseinandersetzung des Menschen mit der Natur zur Wissenschaft werden konnte und daß
sie ausschließlich aus geistigen Funktionen aufgebaut ist.

Die Denkweise, mit der Wissenschaftler kausale Zusammenhänge
in der Natur feststellen, ist an sich schon eine Voraussetzung, die wir nicht weiter begründen können.

4

Carl Friedrich von Weizsäcker[*] beschreibt diese Voraussetzung folgendermaßen:
"Wer fragt, ob Erfahrung die Naturwissenschaft begründen könne,
muß zuerst fragen, was er damit schon zugegeben hat, daß er
zugibt, daß es überhaupt Erfahrung gibt."
Einen kausalen Zusammenhang kann man z.B. darin sehen, daß
ein in Raum und Zeit wahrgenommenes Ereignis in zeitlicher
Folge notwendig ein anderes, wahrnehmbares Ereignis hervor-
bringt.

Daß der "notwendige" Zusammenhang besteht, entspricht unserer
Denkweise, unserer "Voreingenommenheit", mit der überhaupt Erfahrungen erst gemacht werden können.

Da also die Physik, auch im breitesten Sinn verstanden (wie
Steinbuch betont), sich aus geistigen Funktionen aufbaut, ist
der geistige Prozeß, der eigentlich erklärt werden sollte,
mit der Beschränkung auf die Physik nicht zu erklären.
Die Naturvorgänge lassen sich nicht so weit objektivieren,
daß das Subjekt, das die Vorgänge erfaßt, dabei ausgeschal-
tet werden könnte. Nach dieser Einsicht bleibt aber Raum für
das spontane Denken des Menschen, das Begriffe bildet, die
nicht kausal erklärbar sind.
Ein Beispiel ist der Begriff der Freiheit, deren Existenz sich
nicht wissenschaftlich nachweisen läßt, die aber als Lebens-
prinzip anerkannt ist und auf die man sich in erster Linie berufen kann, wenn man von der Würde des Menschen spricht.

Im normalen Leben ist unsere Handlungsweise durch Anreize,
durch praktische Erfordernisse, durch Zwänge, durch Triebe,
durch Verpflichtungen usw. bestimmt.
Unsere Entscheidungen treffen wir so nur bedingt mit Rücksicht auf die äußeren Verhältnisse, und die Entscheidungsfrei-
heit steht als Prinzip in unserem Bewußtsein dahinter. Die
Entscheidungen selbst werden aber gelenkt von der Einsicht,
daß ein bestimmtes Ziel nur unter bestimmten Bedingungen
erreichbar ist.

---

[*] Carl Friedrich von Weizsäcker: "Voraussetzungen des
naturwissenschaftlichen Denkens"
Herderbücherei Band 415, 1972

Versucht man aber den Einfluß der äußeren Gegebenheiten auszuschalten, um völlig frei entscheiden zu können, dann geht der Charakter der Entscheidung selbst verloren. Versuchen wir also vorsätzlich blind vorzugehen wie beim Ziehen eines Loses, dann treffen wir keine Entscheidung mehr. Dann haben wir uns zwar entschieden (aus irgendeinem Grunde) blind zu wählen, aber auf das Ergebnis der Wahl haben wir keinen Einfluß.

Das Prinzip Freiheit ist also nicht explizit nachweisbar, solange man sich für den Nachweis auf die vorgegebene Außenwelt bezieht. Trotzdem sind wir fest von der Wirksamkeit eines solchen Prinzips überzeugt.

In der klarsten Form kommt das Prinzip Freiheit wohl dann zum. Ausdruck, wenn wir spontan aus Überzeugungen handeln, die sich aus den materiellen Gegebenheiten nicht herleiten lassen, wenn wir z.b. unsere Handlungsweise nach ethischen Werten ausrichten, die als solche nicht weiter begründbar sind.

Daß im Streben nach Erkenntnis auch die Erkenntnis selbst als ein Wert angesehen werden kann, bestätigt Jürgen Habermas [*] wenn er sagt: "In der Selbstreflexion gelangt eine Erkenntnis um der Erkenntnis willen mit dem Interesse an Mündigkeit zur Deckung. Das praktische Wohlgefallen am Guten, und das heißt an Handlungen, die durch Prinzipien der Vernunft bestimmt sind, ist reines Interesse."

Der Ausdruck "Mündigkeit" kann hier nicht auf das jeweils in einer Gesellschaft geltende Recht und Gesetz bezogen sein, er muß vielmehr in einem absoluten Sinne verstanden werden, als Bewußtsein einer Verantwortung im Dasein überhaupt.

Alle Begriffe, die wir mit dem Begriff "Würde" in direkten Zusammenhang gebracht haben, sind transzendentale Begriffe. Das Grenzüberschreitende, das über das Bewußte Hinausgehende findet man in einer besonderen Form auch bei Nietzsche in seiner Auffassung vom Menschen, die von Spähmann und Löw [**]

---

[*] Jürgen Habermas: "Erkenntnis und Interesse" Suhrkamp Verlag Frankfurt M. 1973, S. 244

[**] Robert Spähmann/Reinhard Löw: "Die Frage Wozu?" Serie Piper, Band 420

folgendermaßen wiedergegeben wird:
"Die größte Idee, die bisher in der Welt existiere, sei
die Idee, der Mensch müsse geliebt werden um etwas Größeren
willen, als der Mensch ist."
Wenn wir diesen Satz in der Weise interpretieren, daß der
Mensch nicht die Endstufe in der Entwicklung des Lebens darstellt, sondern eine noch aufbaufähige Zwischenstufe, dann
erhält das bei Habermas gebrauchte Wort "Mündigkeit" eine
besondere Bedeutung. Mündigkeit kann sich dann nicht mehr
auf einen bestimmten Entwicklungszustand als anerkannten
Abschluß eines Reifeprozesses beziehen, sondern es muß
die Steigerung beinhalten.
Das Größere, das zunächst als Potential des Menschen angenommen wird, kann in Worten noch gar nicht konkret beschrieben werden, da es ja dem Wesen nach etwas Neues, etwas über
das Bekannte Hinausgehendes darstellen soll.
Dieses Potential ist etwas, das die Würde des Menschen mitbestimmt, ja das vielleicht überhaupt die Würde des Menschen erst bestimmt.


Die Studiengesellschaft dankt dem Verlag Dr. Brockmeyer,
Bochum, auch in diesem Jahr für die Fortsetzung unserer
Schriftenreihe "Praktische Psychologie", deren XII. Band
hiermit erscheint.

Wiederum haben wir die Manuskripte Frau Martha Thadewald
anvertraut; wir danken ihr herzlich für die mühevolle
Reinschrift, die gewissenhafte Besorgung der Anmerkungen
und die nicht unerhebliche Korrekturarbeit.

Viersen/ Leverkusen im Mai 1988

                    Ministerialrat i.R.
                    Dr.med. Harald Petri
                    Nervenarzt
                    Vorsitzender der Studiengesellschaft

                    Diplom-Physiker
                    Walter Simm
                    Stellvertretender Vorsitzender
                    der Studiengesellschaft

G r u ß w o r t

des Schirmherrn Vizekanzler und Bundesaußenminister

Hans-Dietrich Genscher


Zum 40jährigen Jubiläum der Studiengesellschaft für praktische
Psychologie übermittle ich der Gesellschaft und ihren Mitgliedern
herzliche Glückwünsche.

Seit ihrer Gründung im Jahre 1947 ist die Gesellschaft ihrer
Aufgabe gerecht geworden, interessierten Menschen praktische
psychologische Probleme näherzubringen. Dies geschieht durch
die Vermittlung von vertieften Erfahrungen aus Arbeit und Forschung.

Das Rahmenthema der 44. Tagung der Studiengesellschaft lautet:
"Die Würde des Menschen ist unantastbar".

In 19 Artikeln haben die Väter des Grundgesetzes die in der Würde
des Menschen begründeten Grund- und Freiheitsrechte festgeschrie-
ben. Auch in den Verfassungen der Bundesländer steht die Garantie der Menschenrechte im Mittelpunkt. Menschenrechte und Menschenwürde müssen deshalb zentrale Anliegen unserer Politik
sein. Je freiheitlicher unsere Ordnung im Innern ist, um so
glaubwürdiger können wir für die Menschenrechte in der Welt
eintreten. Menschenrechte haben universale Geltung. Wer den Frieden in der Welt will, muß sich für die weltweite Verwirklichung
der Menschenrechte einsetzen.

Die Bundesrepublik Deutschland verfolgt die Förderung und Stär-
kung der Menschenrechte überall in der Welt. Jenseits unserer
eigenen Grenzen können wir jedoch nur versuchen, zu überzeugen.
Erste Ergebnisse sind bereits sichtbar. Menschenrechte werden
heute auch dort gefordert, wo sie lange Zeit hinter dem politischen System zurückstehen mußten.

Die Studiengesellschaft für praktische Psychologie kommt unserer
universalen Verantwortung nach, indem sie für diese 44. Tagung

die Menschenwürde als Rahmenthema wählte.

Ich wünsche allen Teilnehmern und Gästen der Tagung besten
Erfolg und viel Freude bei ihrer nutzbringenden Arbeit.


G r u ß w o r t

des Direktors des Niedersächsischen Staatsbades,
Herrn Kurdirektor Wagener, Bad Pyrmont.

Ich begrüße Sie "in der schönsten, kühnsten, deutschesten,
romantischsten Gegend der Welt!"
Mit diesen Worten, die vor 200 Jahren ein treuer und be-
geisterter Gast Bad Pyrmonts, nämlich Gottfried Herder an
seine Verlobte schrieb, heiße ich Sie zu Ihrer 44. Tagung,
die zugleich die Feier des 40jährigen Jubiläums Ihrer nam-
haften Gesellschaft einschließt, ganz herzlich willkommen!

Die Stadt und das Staatsbad Pyrmont fühlen sich geehrt, daß
Sie nach 1972 - dem 25. Jahr des Bestehens der Studiengesellschaft für Praktische Psychologie - auch die 40. Gründungs-
wiederkehr in unseren Mauern - in unserem grünen Heilbad -
feiern!
1952, als Sie am 21.10. die 29. Tagung eröffneten, berichtete die hiesige Presse, daß dem Gründer Ihrer Gesellschaft,
dem in Fachkreisen hoch angesehenen Pyrmonter Psychothera-
peuten Dr.Dr. Botho Wolff, von allen Seiten große Anerkennung und Dank ausgesprochen wurde.

Ich denke, daß ich als Überbringer dieses Pyrmonter Grußwor-
tes das auch 1987 tun darf!

Ein Blick auf die Themen Ihrer vergangenen Veranstaltungen
zeigt, wie vielfältig, von unterschiedlichen wissenschaft-

lichen Standorten aus Ihre interfakultative Gesellschaft die
Themenkreise bewältigte.

Ob es um "Mensch und Arbeit", um
        "Die unruhige Jugend", um
        "Randgruppen menschlicher Gesellschaft", um
        "Sprache, Sprachverfall, Sprache im Wandel",
oder um "Das Recht des Kindes heute" (25. Jubiläum)
ging (um nur wenige Generalthemata) anzusprechen, immer wurde
der zentrale Gehalt des Themas von Psychologen, Psychotherapeu-
ten, Ärzten, Juristen, Soziologen und Vertretern anderer Berufs-
zweige referiert und aufgearbeitet.

Wie fruchtbar ein so heterogen zusammengesetzter Arbeitskreis
sein kann, vermittelt - neben Ihrer Gesellschaft selbstverständlich - der ebenfalls in Bad Pyrmont gegründete Arbeitskreis
"Gynäkologische Balneotherapie", in dem Ärzte, Chemiker, Physiker, Biologen, Geologen, Pharmakologen, Techniker, Kurdirekto-
ren und andere erfolgreich zusammenarbeiten und eine menschliche, von Zuwendung und dem Einsatz natürlicher Heilmittel ge-
tragene Therapieform formulieren und praktizieren, die sich
bewußt als Alternative zur Pharmako- und Apparatemedizin versteht!

Herr Vorsitzender, meine Damen und Herren, wir dürfen gespannt erwarten, wie sich Ihre Studiengesellschaft mit dem
Leitthema Ihrer Jubiläumstagung auseinandersetzen wird.

Ich wünsche Ihnen allen eine interessante Tagung, gute Ge-
spräche am Rande des Treffens und auch einige schöne Ein-
drücke von unserem Heilbad "in der schönsten, kühnsten,
romantischsten, deutschesten Gegend der Welt!"

G r u ß w o r t

des Mitbegründers der Studiengesellschaft für praktische
Psychologie im Jahre 1947 und Vorsitzenden der Studiengesellschaft von 1947 bis 1961,

Professor Dr. med. Gustav E. Störring, Kiel.

Nachdem nun der Vorsitzende unserer Gesellschaft für praktische Psychologie, mein alter Freund Harald Petri, uns
alle begrüßt hat und wir auch Grußworte hervorragender
Gäste entgegengenommen haben, auf die ich noch eingehen
werde, habe nun auch ich die Freude und Ehre, Sie alle
noch einmal in meiner Eigenschaft als Mitbegründer dieser
Gesellschaft herzlich zu begrüßen und Ihnen für Ihr Kommen
zu danken.

Der eigentliche Initiator und Begründer der Gesellschaft
war nicht ich, sondern der mir freundschaftlich verbundene
Dr.jur., Dr. med. Botho Wolff. Er war Ende des Krieges
Oberstabsarzt an einem der Göttinger Lazarette, wo wir
uns kennenlernten. Humorvoll sagte er mir: Er habe früher
als Scheidungsanwalt in Berlin wohl mehr Ehen zusammenge-
bracht als geschieden. Damit wollte er mir sein ärztlich-
psychotherapeutisches Interesse andeuten. Er war ja dann
auch Arzt aus innerer Berufung geworden, wie mir seine
Ehefrau sagte. - Im Krieg erlitt er Augen- und Beinver-
letzungen mit Erblindung auf dem einen Auge und erheblicher Gehbehinderung. Vor 2 Jahren starb Herr Wolff fast
erblindet, von seiner Frau in seinem Heim liebevoll versorgt. Nun habe ich die Ehre und Freude, Sie, sehr ver-
ehrte liebe Frau Wolff, hier begrüßen zu können und Ihnen
den Dank zu sagen, den die Gesellschaft Ihnen und Ihrem
Manne schuldet. Eine besondere Ehrung seiner Persönlichkeit und seiner Leistungen hatte hier in Pyrmont vor
einigen Jahren stattgefunden.

Die Keimzelle für die Gründung unserer Gesellschaft für praktische Psychologie war nicht in Pyrmont, sondern in Göttingen, wo Herr Wolff und ich uns begegneten. Ich selbst war Oberarzt und Professor an der Universitäts-Nervenklinik Göttingen; mein Chef war der bekannte Psychiater Prof. Gottfried Ewald, der zu Beginn des Krieges sich geweigert hatte, an der Euthanasie, der sogenannten Vernichtung unwerten Lebens, als Gutachter mitzuwirken. Seine Ablehnung der Euthanasie begründete er u.a. mit einem Hinweis auf die Würde des Menschen - auch die des uns zur Behandlung anvertrauten geistig erkrankten Menschen. Diese Abhandlung, die er seinen Mitarbeitern vorlas, schickte er an die höchsten Stellen, den NS-Reichsärzteführer, an Göring und an andere Persönlichkeiten.

In den Jahren 1946/47 drang Herr Wolff wiederholt auf mich ein mit seiner Idee: Vertreter aller Fakultäten und wissenschaftlichen Disziplinen, die es mit dem Menschen und der menschlichen Gesellschaft zu tun haben, müßten sich in dieser Zeit des Umbruchs, der Not und des Elends zusammentun, um für alle Zukunft Lösungen zu finden, damit ähnliches Unheil nicht wieder passiert. Denn durch eine fast unbemerkte, heimliche, unheimliche und unmenschliche und verbrecherische Manipulation war es weitgehend gelungen, das deutsche Volk seiner geistigen Handlungsfähigkeit zu berauben und Tod, Mord und Elend über unsere Mitmenschen, andere Völker und über das eigene Volk zu bringen. Botho Wolff wandte sich wohl deshalb an mich, weil ich damals ein Abendkolleg über medizinische Psychologie und Tiefenpsychologie hielt, an dem auch andere Herren als Vortragende teilnahmen, ich nenne hier nur die unserer Studiengesellschaft bekannten Namen der Herren Delius, Kühnel und Hau, über deren Referate lebhaft diskutiert wurde; auch mein Chef Gottfried Ewald war fast immer dabei.

Herr Wolff machte mich auch aufmerksam auf die Göttinger Vorträge des Honorarprofessors für angewandte Psychologie an der Technischen Hochschule Hannover - auf Wilhelm Hische. Seine zweistündigen Vorlesungen über praktische Psychologie und

Psychologie unserer Zeit fanden in Göttingen bei jung und
alt großen Anklang, es mußten immer größere Säle zur Verfügung gestellt werden, denn er verstand es, an plasti-
schen und auch drastischen Beispielen mit viel Humor und
Satire neben den guten Verhaltensweisen der Menschen in
dieser Notzeit vor und nach der Währungsreform die negativen Seiten sehr realistisch darzustellen. Es gelang mir,
Herrn Hische zur Mitarbeit im Vorstand der zu gründenden
Gesellschaft zu gewinnen. Er war sehr aktiv dabei bis zu
seinem Tod 1964, und zwar als der eigentliche Praktiker
in der Psychologie. - Für die Theologie fanden wir den sehr
toleranten und sympathischen Franziskanermönch Pater
Dr. Marquart - und da wir weder eine konfessionell noch
parteipolitisch gebundene Gesellschaft sein wollten, hatten
wir alsbald das Glück, Herrn Prof. Trillhaas als evangelischen Theologieprofessor und Moralphilosophen in Göttingen
zu gewinnen, dem wir im Beirat viele Anregungen und auf den
Tagungen schöne Vorträge zu verdanken hatten. In späteren
Jahren kam dann noch als große Bereicherung der Landesrabbiner Dr. hc. Peter Levinson als Beirat in unsere Gesellschaft. Auch der Vertreter einer exakten experimentel-
len Psychologie in Göttingen, Herr Prof. von Allesch, schloß
sich unserer Gesellschaft an. -
Von ganz besonderem Wert für mich persönlich, aber auch für
die Gesellschaft, war die Mitarbeit des vielseitigen Philosophen und Psychologen Eduard Meyer, der, wie ich, Schüler
meines Vaters in der Bonner Zeit lange vor dem Krieg war.
Ohne ihn und seine ständige Beratung und Unterstützung würde
ich mich nicht dazu entschlossen haben, zusammen mit Herrn
Hische den Vorsitz in unserer Gesellschaft zu übernehmen.
Eduard Meyer war ein sehr engagierter Universitätslehrer,
der fast bis zu seinem 90. Lebensjahr noch kurz vor seinem
Tode mit seinen packenden Vorlesungen das Auditorium maximum
in Göttingen füllte. In seinen letzten Lebensjahren hatte er
sich der Lehre des Philosophen und Ethikers Nicolai Hartmann
sehr verbunden gefühlt. Seine Hörer verehrten Eduard Meyer

nicht zuletzt auch deshalb, weil er für jeden, der ihn sprechen oder fragen wollte, immer Zeit hatte. - Und dieses inten-
sive Engagement kam dann auch unserer Gesellschaft zugute,
in der alle anstehenden brennenden Fragen und Probleme unserer
Zeit trotz gegensätzlicher Standpunkte in einem Geiste kommunika-
tiver Toleranz im Sinne von Jaspers geführt wurden.

Nach zeitraubenden intensiven Vorbereitungen durch Herrn Botho
Wolff konnte schließlich die erste Tagung in Bad Pyrmont statt-
finden, wohin Herr Wolff inzwischen an ein Lazarett versetzt
worden war. In den folgenden Jahren hatte Herr Dr. Wolff seinen ärztlich-therapeutischen Neigungen folgend ein kleines Sana-
torium eröffnet, und wir waren froh, nun als Geschäftsführer
der Gesellschaft Herrn Dr. Petri zu gewinnen. Und hier muß ich
sofort mit allem Nachdruck betonen: Es war das Ehepaar Petri,
das sich fortan dieser schweren Aufgabe der Geschäftsführung
mit voller Kraft widmete: Waren wir doch finanziell gesehen eine
arme Gesellschaft, die nur geringe Beiträge erhob, die es sich
aber zur Aufgabe gestellt hatte, durch interfakultative Vorträge
und Diskussionen geistige Reichtümer zu erarbeiten und zu verbreiten. Dazu kam, daß wir nicht ortsgebunden bleiben wollten,
sondern eine Art Wandergesellschaft wurden. In verschiedenen
Städten der Bundesrepublik hielten wir unsere Tagungen ab, denn
wir wünschten, von neuen Teilnehmern auch neue Anregungen zu erhalten. Aber dadurch vergrößerte sich die Arbeitslast der Geschäftsführung. Ohne den selbstlosen Einsatz des Ehepaars Petri,
die zu Anfang nicht einmal eine Schreibkraft bezahlen konnten,
wäre unsere Gesellschaft schon nach den ersten Jahren ihres
Bestehens gestorben. Herrn und Frau Petri ist es immer wieder
gelungen, die jährlichen Tagungen vorzubereiten und von den ge-
wählten Städten die jeweiligen Stadtväter von den wichtigen
Zielen dieser Gesellschaft und ihrer Tagungen zu überzeugen und
kostenlos passende Säle und vielfach auch kleine Geldbeträge
zu erlangen, was für uns viel bedeutete.

Und in diesem Zusammenhang möchte ich auch im Namen unserer
Gesellschaft Ihnen, Herr Kurdirektor Wagner, und Ihren Vor-

gängern dafür danken, daß Sie uns Ihre Räumlichkeiten kostenlos zur Verfügung gestellt haben; dieser Dank gilt auch allen Stadtvätern, die uns in den letzten 40 Jahren unter-
stützt haben. - Unser Dank gilt auch den Landesvätern ver-
schiedener parteipolitischer Richtungen, die für unsere Tagungen vielfach großes Interesse hatten, die Schirmherr-
schaft übernahmen und uns finanzielle Unterstützung gewährt
haben.

Und nun kommt der Dank an Herrn Außenminister Dietrich
Genscher. Denn es ist für uns ein Novum, daß ein parteige-
bundener Bundesminister in selbstloser Weise die Schirmherr-
schaft für eine nicht parteigebundene Gesellschaft übernom-
men hat. Zweifellos hat es der älteste Außenminister der
Welt auf nationaler und internationaler Ebene täglich mit
praktischer Psychologie zu tun. Die Gewährung der Schirm-
herrschaft mag zum Teil wohl auch mit unserem heutigen Rahmenthema "Die Würde des Menschen ist unantastbar" zusammen-
hängen.

Hier hat sich unser schwer geprüftes Volk der Dichter und
Denker, das in den Augen der Welt tief gesunken ist, eine
einzig dastehende wertgebundene Verfassung gegeben mit einem
ethischen Postulat, das immer wieder zu neuer schwerer Selbst-
prüfung Anlaß geben wird, was uns in dieser komplizierten
Welt voller Widersprüche, Gegensätze und Antinomien und
der Unvollkommenheit des Homosapiens immer vor neue
schwer lösbare Aufgaben stellen wird.

Wenn ich mich nun zum Abschluß meiner einführenden Worte
frage, was ich selbst der Teilnahme an dieser Gesellschaft
verdanke, so war das neben der schönen menschlichen Begeg-
nung mit gleichgesinnten, auf Toleranz eingestellten Menschen die Erweiterung meines Wissens und meiner Erkenntnisse, vor allem der Aufruf an mich selbst, in wissenschaftlichen Untersuchungen der Frage nachzugehen, welche abnor-
men und krankhaften psychischen Störungen es fertigbringen,

wesentliche geistige Fähigkeiten des Menschen vorübergehend
oder auf Dauer einzuengen oder gar auszulöschen: So in erster
Linie seine Fähigkeit zu autonomem, freiem geistigem Denken
und Handeln und zu seiner Fähigkeit zu sinnvoller Verknüpfung
der Gegenwart mit der Vergangenheit und Zukunft. In einem Bild
von Tizian wird diese dreidimensionale Fähigkeit in einem Kopf
mit drei Gesichtern dargestellt, wobei das eine rückwärts in
die Vergangenheit (memoria), das andere vorwärts in die Zukunft
(Providentia) und das dritte in die Gegenwart (intelligentia)
schaut. Ich verweise in diesem Zusammenhang auf das Werk von
Willibald Kirfel über die dreiköpfige Gottheit, 1948, Demmler-
Verlag Bonn. - Es ist dies wahrlich ein schon in früher Vorzeit
erahnter göttlicher geistiger Funktionskomplex, der dem Menschen
mitgegeben ist, wenn er wirklich in kluger und vernünftiger
Weise von seiner Befähigung Gebrauch macht, sein Denken, Tun
und Handeln bestimmen zu lassen aus der Synthese seiner in der
Vergangenheit und Gegenwart gewonnenen Erkenntnisse, um sie
in tieferer Besinnung und Selbstbesinnung unter steter Berücksichtigung der Erhaltung und Förderung der menschlichen Würde
für die Bewältigung seiner Zukunft zu benutzen.

Damit will ich meine zuletzt etwas theoretisch wirkenden Dar-
legungen zur praktischen Psychologie beschließen. Und wir können nun gespannt sein auf das Referat meines Freundes, Harald
Petri: Über vierzig Jahre Studiengesellschaft und dann vor allem auch auf die Vorträge und Diskussionen zu unserem diesjäh-
rigen Rahmenthema.

Vierzig Jahre Studiengesellschaft:

von der

"Seelischen Not des Menschen unserer Zeit"

bis zur

" Würde des Menschen "

=================================================

von Harald Petri

Jahrgang 1913
Psychiater und Neurologe
Ministerialrat a.D.
Vorsitzender der Studiengesellschaft
für praktische  Psychologie

Einleitung:

Seit Oktober 1947 sind 40 Jahre vergangen. Unser Land ist
wieder aufgebaut. In geschichtlich beispiellos kurzer
Frist wurde dieser Teil Deutschlands, die Bundesrepublik
Deutschland, außen und innen im Äußeren wie im Inneren
neu gestaltet. Äußerlich gut erkennbar an einem überwäl-
tigenden Aufbau im wortwörtlichsten Sinne, was die Bauten

betrifft für das Wohnen der in diesem Lande wohnenden Menschen, nicht nur der Deutschen, was die industriellen Anla-
gen, die Stätten der Arbeit, die Gebäude der Verwaltungen
betrifft, aber auch was die Verkehrsverbindungen aller Art
und nicht zuletzt die in die Landschaften eingebundenen Stätten der Erholung angeht. Es wurde überzeugend geplant und
nach außen sichtbar verwirklicht. Nicht nur aus eigenen Kräften! Die Unterstützung aus den USA und später auch aus anderen
wieder in Freundschaft verbundenen Ländern ist nicht zu vergessen. Aber sind wir wirklich der Ansicht, daß nach diesen
vierzig Jahren das Prädikat 'schön und gut' erteilt werden
kann? Ist es wirklich so, daß hier Menschen so leben, daß sie
imstande sind, "das Leben zu erleben"? Wurde hingefunden zu
dem Sinn des Lebens? Etwa derart, daß das Leben in unserem
Lande, das ja wirklich ein Modell für den totalen Aufbau aus
dem Nichts ist, dahin gefunden hat, was man als beispielhaft
und insgesamt "gültig - einfach" bezeichnen könnte.

Der Zusammenbruch vor 42 Jahren, 1945, hatte die sichtbare
Welt unseres Lebens und unserer Arbeit zerstört, und doch hatte sich sofort ein Gefühl der Befreiung gerührt und bewirkt,
daß hierzulande Neues und Vorbildliches geschaffen werden
könnte. Als aber 1947, also zwei Jahre später, diese Studiengesellschaft gegründet wurde, zeichnete sich schon ab, wie
sehr der sichtbar gewordene Einsturz nur Ausdruck der geistigen Zerrüttung war und Verzweiflung führte die Menschen, die
guten Willens waren, zusammen. Sie spürten, daß sie auf den
Grund der Dinge durch den Lauf der Geschichte verwiesen wurden
und die auf sie zukommenden Aufgaben in aller Einfalt neu
begreifen, spüren, verstehen müßten. Nicht nur die Deutschen,
alle Völker dieser Erde fanden sich nach dem Chaos, das erd-
umspannend war, vor eine neue Aufgabe, ein neues Sehen, einfaches Begreifen der Dinge gestellt. Für die Deutschen freilich entschied sich Sein oder Nichtsein.

Auch der kleine Kreis der Suchenden und neu Bewahrenden, die
vor 40 Jahren diese interfakultative wissenschaftliche Ge-

sellschaft gründeten, waren zu ihrem Teil, dem Gewissen folgend, angerührt und bemüht, an einer neuen sichtbaren Welt
unseres Lebens und unserer Arbeit zu bauen. Und das Erstaun-
lichste daran war, daß dieses Konzept nur in interdisziplinärer Gemeinschaft über die Grenzen der Fakultäten und
Disziplinen hinweg geschehen konnte.

## I.

Was heißt menschliche Würde . . . Was ist eigentlich Würde?
Kann man sie definieren? Das fällt schwer, - wenn es kurz
und schlüssig sein soll. Diese unsere Gesellschaft hat sich
von Anbeginn an - seit 1947 - um wesentliche Erkenntnisse
des rechten Menschseins bemüht: "Die seelische Not des Menschen unserer Zeit" lautete 1947 das allererste Rahmenthema
hier in Bad Pyrmont - - sofort auf breiter interdisziplinärer Ebene. Es diskutierten damals an vier Halbtagen sech-
zehn Referenten aus den wichtigsten um den Menschen bemühten
Disziplinen. Hier nenne ich nur Pater Dr. MARQUARDT, damals
Wiesbaden, "Über die seelische Not der Gegenwart aus der
Sicht des Seelsorgers"; Dr.med.Dr. jur. Botho WOLFF, Bad
Pyrmont, er war der eigentliche Initiator dieser ersten Tagung; "Über die praktische Psychologie aus der Sicht des
Nervenarztes"; Professor Dr. Wilhelm HISCHE von der TH
Hannover: "Psychologische Probleme der Zeit" und Pastor von
BODELSCHWINGH, Bethel: "Über das Helfen". Es wurde schon da-
mals lebhaft diskutiert, - und Professor Dr.G.E. STÖRRING,
damals Göttingen, sprach auf dieser Tagung: "Über Grund-
fragen der medizinischen Psychologie".

Die Menschen damals - wir Älteren hier also, kamen aus einem
Jahrzehnt unbeschreiblicher Entwürdigung all dessen, was
"Mensch-Sein" heißt und bedeutet, -und so etwas wie eine seelische Infektion radikaler Menschenverachtung, - Mißachtung,
ausgehend vom Boden eines vermeintlichen und mit Blut be-
siegelten Großdeutschlands", hatte Länder und in ihnen lebende Völker ergriffen und Länder zerstörend und Völker ver-
nichtend alles dem Erdboden gleichgemacht, die eigenen deut-

schen Lande und deutschen Volksgruppen schließlich zu Besatzungs-
zonen entmachtet. Alle früher gültigen Wertbegriffe waren in
ein chaotisches Nichts zerstört.

Nur die Älteren unter uns haben diese äußeren und inneren
Bilder einer Notzeit ohnegleichen noch vor Augen - und den
Jüngeren ist der Zugang zu diesen Bildern - ohne jedes rechte
Verstehen und Begreifen - verbaut. Und es bleibt ihnen nur noch
zu fragen übrig: Wie konntet Ihr damals nur . . . ? !

Diese zentrale Frage sich selbst zu stellen, war dann letztlich auch ureigenes Anliegen jener Persönlichkeiten, die vor
40 Jahren hier in Bad Pyrmont zusammenkamen, um von Beginn an
interdisziplinär - selbst in materieller Verarmung, aber in
geistiger Frische und Regsamkeit - das verkommene Brachland
menschlichen Seins urbar zu machen und neu zu bestellen.

So möchte ich rückblickend heute sagen, es war eine reiche
Zeit. Nach jenen zwölf Jahren der Verkümmerung und Verdorrung
aller echten menschlichen Werte brach nun eine Zeit neuen
Keimens, Sprießens und Wachsen wertbeständiger Erkenntnisse
an - - und kritisch möchte ich zu gern hinzufügen, warum haben
wir diesem neuen Werdeprozeß etwa in den Jahren 1945/47 bis
1957/60 nicht mehr, viel mehr Zeit gelassen. Wir hatten es alle
miteinander eilig, zu eilig. Wir hatten in allem einen großen
"Nachholbedarf". In dieser interfakultativen wissenschaftlichen Gesellschaft wurde frühzeitig das sich überstürzende
Tempo des Wiederaufbaus aller äußeren Werte ins Visier genommen - und immer wieder contrapunktisch auf das in keiner
vertretbaren Relation stehende, wirklich nachhinkende Wachsen
aller inneren menschlichen Werte hingewiesen. Das sei nur mit
e i n e m Beispiel unterlegt: Dieser interfakultativen Gesellschaft ging es damals um Förderung einer möglichst breitbasigen
interdisziplinären akademischen Ausbildung. So gingen von
dieser Gesellschaft wirkliche Impulse aus: hin zum Studium
Generale. Schon lange vor jenen Jahren des sogenannten Dritten
Reiches war es mir und meinen Kommilitonen ein wichtiges Anliegen, neben den vorgeschriebenen medizinischen Fächern auch

Vorlesungen und Seminare der Vorgeschichte, der Philosophie,
auch der Theologie und möglichst auch noch der "schönen
Künste" zu hören und zu besuchen.

Äußert man heute im Gespräch mit Studenten und auch wissenschaftlichen Assistenten solches, stößt man bestenfalls auf
Unverständnis, oft aber auch auf bewußte Ablehnung mit Über-
zeugungscharakter: "So gut es wäre, . . . dazu fehlt uns
die Zeit . . . das Tempo im Konkurrenzlauf des erwählten
Berufes ist zu groß . . . leider, z.B. als künftiger Arzt
habe ich keine Zeit mich nun auch noch vertiefter etwa mit
Fragen der Psychologie in der Medizin auseinanderzusetzen. ."
Und dann kommt allenfalls noch der Hinweis, daß es doch
"klinische Psychologen" ohnehin gäbe. Solche Stellungnahmen
machen dann immer deutlich, daß das eigentliche Anliegen des
Gesprächspartners nicht begriffen wird. Schlimm, wenn aus
Gründen der Zeitnot - oft ist es aber reines Desinteresse
oder Ablehnung aus Bequemlichkeit - die persönliche allgemeine Bildung gering und als entbehrlich degradiert wird. Gewiß, manche Leistungen können heute nur im teamwork erbracht
werden. Es ist und bleibt jedoch immer erfreulich, jüngeren
Fachleuten eines Spezialgebietes zu begegnen, die sich als
weit über ihr Gebiet hinaus allgemeingebildet erweisen. Doch,
das gibt es. Und sie, gerade diese, werden die Wegbereiter
von morgen, oder besser gesagt, in eine menschliche Zukunft
mit Weitblick sein.

Nach 1947 war unsere Studiengesellschaft einige Male in diesem
schönen Kurort Bad Pyrmont, dem Niedersächsischen Staatsbad
besonderen Ansehens. So schon wieder im Oktober 1948 mit dem
Thema "Die Familie als Gegenwartsproblem". Damals referierte
z.B. Professor Dr. RITSCHL, Hamburg, über "Die sozialen Bedingungen einer Festigung der Familie", der schon erwähnte
Professor Dr. HISCHE,. Hannover, über "Das Verhältnis der
Familie zu Lebenslauf und Lebensleistung", und Professor
Dr. TRILLHAAS, Göttingen: über "Die Familie in der Sicht
christlicher Anthropologie".Auch die 5. Tagung im Herbst 1949

wurde in Bad Pyrmont durchgeführt. Es ging um "das Problem
des Reifens und Alterns". Dabei referierten z.B. der bekannte
Psychiater Professor KEHRER, Münster, über "Das Problem des
Alterns vom psychiatrischen Standpunkt" aus, und der Psychologe Professor Dr. METZGER, Münster, über "Der alternde Mensch
und die Gemeinschaft", der Philosoph und Psychologe Dr. Eduard
MEYER, Göttingen, sprach über "Philosophische Späteinsicht"
und der Franziskanerpater Dr. WINGENFELD, Sigmaringen, über
"den Sinn des menschlichen Reifens".

Die 6. Tagung wiederum in Bad Pyrmont im Oktober 1950 stand
unter dem Thema "Die Frau in der heutigen Zeit". Der Gynäkologe
Professor Dr. NORDMEYER, damals Berlin, referierte über "Medizinische Psychologie der Frau" und Dr. KÜHNEL, einer der sehr
Aktiven aus jenen Jahren, sprach über "Psychische Geschlechts-
differenzierung der frühen Kindheit". Frau Dr.Dr.Dr. ZARNCKE,
Berlin, stellte die "Muttertypen der Gegenwart" vor. Ich
selbst habe damals "Ärztliche, allgemein-menschliche und christliche Gedanken zur Lebensaufgabe der Frau" entwickelt.

Auch die 7. Tagung im Oktober 1951 stand wiederum in Bad
Pyrmont unter dem Thema "Der soziale Kontakt und seine Pflege".
Hier können auch einige der Referenten genannt werden, so
Professor Dr. Eduard MEYER, Göttingen: "Schwierigkeiten und
Möglichkeiten des sozialen Verstehens", Professor Dr. HISCHE,
Hannover: "Der soziale Kontakt in Schule und Wirtschaft",
der Nervenarzt und Psychotherapie Dr. Egon C. HAU, Holzminden:
"Kausuistik zur Isoliertheit in der Neurose"; Privat-Dozent
Dr. Ing. HASSE, Hannover: "Der arbeitende Mensch und seine
Umwelt". Ich selbst sprach über "Soziogenese".

Im Oktober 1952 fand die 8. Tagung in Bad Pyrmont statt.
"Das Heim in seiner Bedeutung für den Menschen der Gegenwart"
stand im Mittelpunkt und es sprachen z.B. der bekannte Pädiater
Professor Dr. BOSSERT, Essen, "Welchen Einfluß hat das Heim
im Gegensatz zum Elternhaus auf die seelische und körperliche

Entwicklung des Kindes?", Professor Dr. GERFELDT, Düsseldorf,
"Heimgestaltung und soziales Klima", Frau Dr. DÜHRSSEN,
Berlin, "Zerstörtes Heim und Verwahrlostenreaktionen bei
Kindern und Jugendlichen", Dr.Dr. WOLFF aus Bad Pyrmont
äußerte "Bemerkungen zur analytischen Milieukunde beim er-
ziehungsauffälligen Kinde".

Sodann blieb unsere Gesellschaft für Jahre hin Pyrmont
fern. Wir haben in den dann folgenden Jahren im Norden und
Süden, im Osten und Westen der Bundesrepublik, teils in
Universitäts-Städten, teils auch in kleineren Städten der
Provinz die Tagungen durchgeführt, um uns dadurch im Bundes-
gebiet bekannter zu machen.

Erst 1972 kehrten wir mit der 29. Tagung nach Bad Pyrmont
zurück, um "25 Jahre Studiengesellschaft" hier festlich zu
begehen. Es ging um das "Recht des Kindes heute". Seit einigen Jahren war nun auch der Kieler Gerichtsmediziner Professor Dr. Wilhelm HALLERMANN der Vorsitzende, nämlich seit
1966. Auf dieser Jubiläumstagung nahm sich der Tübinger
Kinder- und Jugendpsychiater Professor Dr. Reinhard LEMPP
der Kinder an und fragte: "Sind Kinder gleichberechtigt?"
und die Juristin und Notarin Dr. Renate LENZ-FUCHS, damals 1. Vorsitzende des Juristinnen-Bundes, stellte die
Frage "Elternrecht oder Kindesrecht?". Professor Erich
KÜHN von der TH Aachen, selbst Architekt, entwarf das Bild
einer kinderfreundlichen Stadt.

Wiederum zogen wir in den folgenden Jahren kreuz und quer
durch die Bundesrepublik bis wir schließlich vor vier Jahren erneut nach Bad Pyrmont zurückkehrten, weil wir hier
die 40. Tagung unter dem Rahmenthema "Die seelischen Nöte
in unserer Zeit" begehen wollten, um an das Thema der
Gründungsversammlung 1947 anzuknüpfen. Damals lautete das
Thema ja "Die seelische Not unserer Zeit". Ich habe mich
vor vier Jahren eingehend zur "Psychopathologie und Psychohygiene der seelischen Nöte heute" geäußert. Der Diplom-
Physiker Andreas WÜNSCHMANN sprach über "Die rasante Ent-

wicklung der Technik - Segen oder Fluch?" Professor Wolf Graf
von BAUDISSIN, Hamburg, stellte sicherheitspolitische Probleme
zur Erhaltung des Friedens zur Diskussion und Landesrabbiner
Dr. LEVINSON, Heidelberg, hatte seine Ausführungen überschrieben:
"Stell Dir vor, es gibt Frieden, und keiner geht hin".

Und nun 40 Jahre nach Gründung der Gesellschaft war es wohl
selbstverständlich, wieder einmal in dem Gründungsort zu tagen,
um uns mit der "unantastbaren Würde des Menschen" auseinanderzusetzen.


II.

Ich hatte schon eingangs gefragt, was ist eigentlich mensch-
liche Würde? Wie kann ich diesem Begriff näherkommen.
Das Grundgesetz für die Bundesrepublik Deutschland beginnt mit
Artikel 1 Abs. 1.2

Die Würde des Menschen ist unantastbar, sie zu achten und
zu schützen ist Verpflichtung aller staatlichen Gewalt.
Das deutsche Volk bekennt sich darum zu unverletzlichen
und unveräußerlichen Menschenrechten als Grundlage jeder
menschlichen Gemeinschaft des Friedens und der Gerechtigkeit in der Welt.

Aber auch die Vereinten Nationen haben in der allgemeinen Erklärung der Menschenrechte im dortigen Artikel 1,2 formuliert:

Alle Menschen sind frei und gleich an Würde und Rechten
geboren. Sie sind mit Vernunft und Gewissen begabt und
sollen einander im Geiste der Brüderlichkeit begegnen.

Jedermann hat Anspruch auf die in dieser Erklärung
proklamierten Rechte und Freiheiten ohne irgendeine
Unterscheidung, wie etwa nach Rasse, Farbe, Geschlecht,
Sprache, Religion, politischer oder sonstiger Überzeu-
gung, nationaler oder sozialer Herkunft, nach Vermögen,
Geburt oder sonstigem Status.

Also - Würde im Namen der Menschenrechte . . . und im Geiste
der Brüderlichkeit.

Und klingt uns da nicht in den Ohren die Parole der französischen Revolution von 1789 Liberté, Egalité, Fraternité.
Doch dem Ruf nach Freiheit, Gleichheit und Brüderlichkeit
folgten dann zunächst Freiheitskriege, die die Historiker auch
als Befreiungskriege von 1813 - 1815 titulieren. Vier Feldzüge
mußten in diesen drei Jahren geführt werden . . . . und viel
später kam das Jahr 1848 mit der "Märzrevolution" in Deutschland - unmittelbar nach dem 24. Februar 1848 und der Abdankung
von Louis-Philippe, dem letzten König von Frankreich und somit
der eigentlichen französischen Revolution, durch die im Grunde so etwas wie eine "europäische Revolution", wenn es je
eine gab, eingeläutet worden war.

Hier in Deutschland wurden Menschenrechte proklamiert; zu
ihnen zählten Presse- und Versammlungsfreiheit, Einrichtung
von Geschworenen-Gerichten, Aufbau von Bürgerwehren, Reform
des Wahlrechts, wo es eines schon gab, Ernennung volksnaher
populärer Minister und ähnliches. Aber es ging nicht ohne
Blutvergießen ab und es kam z.B. zu Schießereien zwischen
der Preußischen Truppe und der Bürgerschaft. Nervosität und
Mißverständnisse verhinderten vernünftige sachliche Überlegungen und Verhandlungen. In Preußen sollte eine Staatsver-
fassung zwischen Krone und Nationalversammlung vereinbart werden. "Die Vergangenheit ist begraben" erklärte ein junger
Deputierter in der letzten Sitzung des Vereinigten Landtages,
- er hieß von BISMARCK -, und er fuhr fort, "ich bedauere
schmerzlicher als viele von Ihnen, daß keine menschliche
Macht imstande ist, diese Vergangenheit wieder zu erwecken".
In unseren Tagen hat Golo MANN diese Zusammenhänge rund um
die menschliche Würde im politischen Raum näher interpretiert
und ihm verdanke ich jenen Hinweis auf den jungen von Bismarck.

Und dennoch folgten nach 1848 die Jahre 1864, 1866, 1870/71
und dann 1914 - 1918 und schließlich die Jahre insgesamt, die
jegliches Empfinden für Menschenwürde wohl endgültig zerstör-
ten, oder darf man sagen, zu zerstören schienen. Diesem unbe-

schreiblichen Niedergang folgte nämlich d e r Aufbruch und
ein beredtes, zugleich wohl das überzeugendste Dokument dafür
war, ist und bleibt das für die Bundesrepublik Deutschland ge-
schaffene G r u n d g e s e t z.
Es bleibt zu hoffen, daß "menschliche Würde" nicht ins Land
der Utopien gehört. Wie oft sind wir eigentlich doch Tag für Tag,
geneigt, zu denken und zu sagen, "wie schön wäre es, wenn . . .",
und ganz gewiß bei aller beachtenswerten Entwicklung, die die
Menschheit genommen hat, - - von jenem Wesen mit fliehender
Stirn und nur mangelhaft entwickeltem Stirnhirn bis hin zum
homo sapiens, den wir heute gern bezeichnen möchten als homo
sapiens sapiens. Der einzelne Mensch, auch der mit anatomisch-
physiologischer Ebenmäßigkeit, ist unvollkommen - voller Fehler,
fehlerhaften Verhaltens und bestenfalls immer nur auf dem Wege
hin . . . und schnell sind wir dabei zu formulieren: Gewiß, ich
habe gefehlt, aber Du weißt ja doch, wir sind Menschen und nicht
Gott.

Ja, aber deshalb sollten wir uns unsere Fehlhandlungen mit fehler-
haften Denkabläufen und oft recht primitiven Denkinhalten gegen-
seitig und miteinander eingestehen. So, nur so würden wir an
Würde gewinnen, auch etwa der Kreatur, den anderen Wesen des
Lebens gegenüber.
Christian Morgenstern meinte: "Ganze Weltalter von Liebe werden
notwendig sein, um den Tieren ihre Dienste und Verdienste an uns
zu vergelten".
Wer über Menschenwürde spricht, sollte sich auch mit Morgensterns
Mahnung befassen.
Aber kehren wir zurück zu Freiheit - Gleichheit - Brüderlichkeit.

Freiheit? Ja ganz gewiß, nur wir sollten "Freiheit" recht begreifen - und erkennen, daß sie nur durch "Gebundenheit" verstanden
wird und erreichbar ist. Das ist d i e Freiheit, die ich meine . . . , die ich meinen d a r f. Freiheit ohne Anerkennung
der Gebundenheit z.B. an Gesetze und Normen führt ins Chaos im
Kleinen wie im Großen.

. . . und Gleichheit? Ja, ganz gewiß ja, wenn ich bereit und
so reif bin, den anderen und die anderen als g l e i c h -
w e r t i g anzuerkennen. Gleichwertigkeit erleichtert
mir den Zugang zum anderen, zum ganz anderen, zum Fremden,
besser, als es etwa der Begriff der Gleichberechtigung aus-
drückt. Gleichwertigkeit ist gewichtiger als die im Grunde
selbstverständliche Gleichberechtigung. Gleichwertigkeit er-
hebt das menschliche Sein zur Würde.

. . . und Brüderlichkeit? Ja, bei Gott, wenn ich im Du den
Menschen-Bruder, die Menschen-Schwester erkenne, . . dann,
nur dann gibt es keine Fremden durch die Rassen, die Farben,
die Sprachen, die Völker, die Religionen, die Sozialstufen,
die Vermögensverhältnisse und auch durch die Geschlechter.

Jedoch, die Welt in der wir leben, ist anders, anstelle der
Würde dominiert so oft die Würdelosigkeit in zweierlei Ge-
stalt, die eine ist die vom einzelnen oder von mehreren oder
von vielen a u s g e h e n d e, und die andere ist die dem
einzelnen oder mehreren oder vielen e n t g e g e n g e -
b r a c h t e . Offenbar bedingen die eine die andere und
ebenso die andere die eine. Es ist - kommunizierenden Röhren
vergleichbar - ein ewiges Hin und Her und Her und Hin. Das
verdeutlichen keineswegs allein die permanenten Kriegsschau-
plätze auf dieser Erde, wohin wir auch blicken, sondern
ebenso die ständigen, sehr persönlichen Machtkämpfe im zwischenmenschlichen Alltag bis hin zu den entwürdigenden Be-
gegnungen in den Familien zwischen Groß und Klein, und zwischen den Ehegatten und Partnern.

Dennoch, wir wollen getrost dem Grundgesetz der Bundesrepublik Deutschland und der allgemeinen Erklärung der Menschenrechte der Vereinten Nationen folgen und die menschliche
Würde als "unantastbar" achten und schützen - so gut wir es
vermögen - und diesem hohen Ziel uns mit Kräften der Vernunft
und mit Gewissenskräften nähern. Doch - verlangen wir das
primär nicht vom Du und den anderen, sondern bringen wir
uns dabei selbst ein. Das aber heißt, i c h ü b e mich
Tag um Tag im Mensch-Sein.

Auch Martin LUTHER KING sollte uns aufmerken lassen, wenn er sagte: "Jeder hat das Recht w ü r d i g   z u   l e b e n, bevor einer mehr hat, als er braucht".

## Schlußgedanke

Im Buch der Bücher steht geschrieben: "Gott sprach, lasset uns Menschen machen, ein Bild, das uns gleich sei - , und Gott schuf den Menschen ihm zum Bilde, zum Bilde Gottes schuf er ihn".

D e s s e n   müssen wir uns würdig erweisen, wenn wir es wohl auch nie erreichen werden. D i e s e  Würde ist nicht nur ein köstliches Geschenk, sondern auch eine ständige, nie aufhörende Aufgabe mit unendlich großer Mühe, kräfteverzehrendem Fleiß und der täglich neu gewonnenen Erkenntnis, für den Menschenbruder d a   z u   s e i n  - und alles mich umgebende kreatürliche Leben nicht minder zu achten.

Leben wir für einen solchen zunächst utopisch anmutenden Grad einer sich dank menschlicher Würde verbessernden Welt; denn nur s o   können wir leben, um Tag um Tag das Leben zu erleben.

Gern möchte ich schließen mit einem Gedanken von Antoine de SAINT - EXUPÉRY : "Man sieht nur mit dem Herzen gut, - die wesentlichen Dinge bleiben für das Auge unsichtbar".

Die Wirklichkeit, auf die niemand seine Hand legen
kann - Philosophisch-theologische Überlegungen zur
Bestimmung und Würde des Menschen
=====================================================

von Joachim Ringleben

Dr.theol. Joachim Ringleben, geboren 1945,
Studium der evangelischen Theologie und Philosophie,
von 1973 - 1983 Wissenschaftlicher Assistent in Kiel,
seit 1984 Professor für Systematische Theologie
an der Universität Göttingen.

Wissenschaftliche Veröffentlichungen:
Hegels Theorie der Sünde (1977),
Aneignung. S. Kierkegaards spekulative Theologie (1983),
Interior intimo meo. Die Nähe Gottes nach Augustins
Konfessionen (1988). Aufsätze über Tillich, Brunstäd,
Hirsch, Ebeling, Pannenberg, Schleiermacher, Hamann,
Hegel, Freud, P. Celan.

## I. Allgemeine Grundlegung

1. Die Rede von der grundsätzlichen Unantastbarkeit der Menschenwürde muß ihre faktische Antastbarkeit berücksichtigen.
2. Würde muß als anthropologische Grundstruktur verstanden werden.
3. Würde gründet darin, daß jeder Einzelmensch zugleich das Allgemein-Menschliche darstellt.

## II. Anthropologische Durchführung

4. Die Menschenwürde anzutasten heißt, den Menschen wie ein Stück Natur zu behandeln, denn der Mensch unterscheidet sich vom Tier gerade durch seine Würde.
5. Würde ist ein gesellschaftliches Phänomen und zugleich mehr; vor allem aber ist sie immer wechselseitig (Mit-Menschlichkeit).
6. Würde verlangt nach Achtung vor ihr, und sie kann nicht "gemacht" werden, weil sie als Letztvoraussetzung zu gelten hat.
7. Da Würde von dem konkreten ganzen Menschen gilt, folgt aus ihr die Anerkennung des Rechtes auf menschenwürdiges Leben (Menschenrechte) und menschenwürdiges Sterben.

## III. Theologischer Begriff

8. Die Bestimmung des Menschen ist dialektisch zu verstehen.
9. Menschenwürde gründet im Geheimnis der Transzendenzverwiesenheit des Menschen (Hölderlin).
10. Das Wort "Gott" spricht vom Horizont menschlicher Würde (Rahner).
11. Die Würde ist unantastbar, weil Gott die Wirklichkeit ist, auf die niemand seine Hand legen kann (Rendtorff).
12. Der theologische Begriff der Menschenwürde lautet: Gottesebenbildlichkeit.
13. Schluß: Menschwerdung Gottes und Menschwerdung des Menschen.

## I. Allgemeine Grundlegung

1. "Die Würde des Menschen ist unantastbar" - wir können
   über diesen Satz nicht in angemessener und menschenwür-
   diger Weise nachdenken, ohne mit der Feststellung zu beginnen, d a ß die menschliche Würde faktisch antast-
   bar ist und auch täglich von Menschen angetastet wird.
   Wir haben uns entschieden der Tatsache zu stellen, daß
   die Verletzbarkeit und Beschädigung der Menschenwürde
   in der Gegenwart eine grausame Möglichkeit und schreck-
   liche alltägliche Wirklichkeit überall auf unserer Erde
   ist. Ohne dies Eingeständnis, dem jetzt keine traurigen
   Belege hinzugefügt werden müssen, kann nicht sinnvoll
   über Menschenwürde geredet werden.

   Ein zweites Eingeständnis zu Beginn gehört um der Wahr-
   haftigkeit willen hinzu: wir können hier und jetzt der
   Menschenwürde nur so genug tun, daß wir uns auch das
   folgende nicht verbergen. Wir können durch unser Nachdenken darüber die Menschenwürde u n m i t t e l b a r
   nicht hinreichend bewahren und schützen gegen ihre weltweite Bedrohung und Verletzung. So gehört zur menschlichen
   Würde auch die unverstellte Einsicht in unsere menschliche Schwachheit, Menschenwürde unbedingt zu garantieren. Wir haben das jetzt durch unser Nachdenken gar nicht
   und auch sonst doch nur begrenzt in der Hand. Es gibt
   Augenblicke, in denen Menschenwürde nur zu wahren ist,
   indem wir unser Versagen vor ihrem Anspruch uns nicht
   vorenthalten.

   Die Sachfrage aber muß lauten: Gibt es denn - und wie -
   eine prinzipielle Unantastbarkeit der menschlichen Würde -
   trotz ihrer faktischen Antastbarkeit? Kann man und muß
   man kontrafaktisch an der Überzeugung festhalten: "Die
   Würde des Menschen ist unantastbar", auch wenn ihre
   dauernde Verletzung oder Verhinderung uns schmerzlich
   vor Augen steht? Wie ist beides vereinbar?

2. Ich meine, nur so, daß Menschenwürde nicht als ein bloßes
   Soll begriffen wird, als ein idealer Wert, ein wünschbares
   Ideal. Sondern ihre Unantastbarkeit muß als etwas verstanden werden, das mit dem Sein des Menschen selber schon gegeben ist, als wesentliche anthropologische Grundstruktur
   und Realität des Humanen.

Würde ist nicht als ein "de-ontischer", sondern als ein
ontologischer Sachverhalt zu denken, als eine konstitutive,
irreduzible Dimension des menschlichen Seins. Darum kann
man, wie wir sehen werden, von der Würde des Menschen nicht
angemessen reden, ohne auf die Gottesthematik zu stoßen.

Das wollen wir hier versuchen: die Menschenwürde als unantastbar zu begreifen, weil sie nicht ein Wunschgebilde,
sondern die Lebenssphäre des Menschlichen selber ist, die
Luft, in der das Humane allein atmen kann - etwas also, das
immer schon vorausgesetzt werden muß, soll der Mensch Mensch
sein.

3. Aber es stellt sich unserem Thema noch ein zweiter Einwand
   entgegen. Gibt es denn überhaupt " d e n " Menschen, von
   dessen Würde hier die Rede ist? Gibt es nicht nur bestimmte einzelne Menschen und zwar unüberwindlich verschiedene?
   Verschieden also wie z.B. Herrschende und Unterdrückte,
   Gewalthabende und -tätige und Geknechtete, Erniedrigte und
   Gequälte. Gibt es den einen Menschen? Ich antworte: es
   g i b t den Menschen, aber es gibt ihn nicht als etwas für
   sich, sondern nur in den unübersehbar verschiedenen menschlichen Individuen. Das ist eine eigentümliche Sachlage: das
   uns allen Menschen Gemeinsame und Verbindende, was uns zu
   Menschen macht, das ist nur da in unendlich vielfältiger
   Gebrochenheit. Jeder Mensch also, jeder von uns ist er
   selbst (als dies einmalige Individuum) und ist zugleich
   das allgemein Menschliche in einer Person. Wir existieren
   als dieser Widerspruch: zugleich Einzelne und Teilhaber am
   Allgemeinen zu sein. Jeder Mensch ist nicht nur er selbst,
   sondern zugleich auch das, was alle Menschen sind. Jeder

stellt das gemeinsame Menschsein auf unverwechselbar individuelle Weise dar.

Jeder ist also als er selbst doch immer schon mehr als er
selbst. Der genannte Einwand führt uns auf eine erste Einsicht in die Verfassung menschlicher Würde: weil kein Individuum nur ein isoliertes Atom ist, sondern in dialekti-
scher Einheit Einzelmensch und Menschheit überhaupt, darum
können wir von einer spezifischen Würde des Menschen sprechen. Seine Würde ist, als dieser bestimmte Mensch immer
schon alle Menschen überhaupt mit darzustellen, zu vertreten und zu bereichern. Würde des Menschen sagt: jeder
einzelne existiert als er selbst überhaupt nur im Horizont
aller Menschen, seine individuelle Besonderheit ist
existentieller Ort menschlicher Allgemeinheit.

Dem soll nun in einem zweiten Abschnitt konkreter nachgegangen
werden. Der anschließende dritte Schlußteil meiner
Ausführungen wird die Beziehung zum Religiösen herausarbei-
ten.

II. Anthropologische Durchführung

4. Wenn die Würde des Menschen damit zu tun hat, daß jeder
Mensch immer noch mehr ist als bloß diese bestimmte Einzel-
wesen, dann ist Würde als solche humane Allgemeinheit zwar
das, was jeden Menschen zum Menschen macht, was aber zugleich nicht in ihm in seiner konkreten Einzelheit aufgeht,
nicht auf ihn beschränkt ist. Wer den Menschen nur in seiner puren Diesheit, d.h. in seiner unmittelbaren Bestimmt-
heit als dieser einzelne nimmt, der verfehlt seine Würde.
Die Würde ist also zunächst auch in dem Sinne unantastbar,
daß sie nichts Handgreifliches ist.

Was handgreiflich am Menschen ist, ist gerade nicht das
Menschliche am Menschen. Brutale Gewalt anwenden heißt,
Menschen wie ein Stück Natur behandeln. Auch wer den Men-

schen nur als Mittel für seine Zwecke manipulativ einsetzt,
verstrickt sich in den Widerspruch, für seine eigene Person
etwas in Anspruch zu nehmen, was er dem anderen entzieht:
die Dimension b e w u ß t e n Verhaltens, des bewußten
Verhaltens zur physischen Unmittelbarkeit, den Horizont des
Allgemeinen.

Das alles will besagen: man kann faktisch einen Menschen
zwar behandeln, als habe er keine Würde, aber die Würde
selbst kann man nicht antasten. Doch wer sie beim anderen
verleugnet und schändet, lebt aus ihr, wenn auch pervers.

Überlegen wir kurz, warum eigentlich ein Tier keine Würde
hat - wenngleich ihm das Recht auf Schutz vor grenzenloser
menschlicher Willkür doch zukommt. Aber Würde - die hat ein
Tier niemals. Und zwar deswegen nicht, weil kein Tier ein
Selbst ist, das sich bewußt zu sich selbst verhält und sich
darin von seinem unmittelbaren Dasein unterscheidet und das
sich zugleich bewußt von anderen unterscheidet, auf die es
sich im Horizont des Gemeinsamen auch wieder ausdrücklich
und prinzipiell bezieht. Das kommt nur dem menschlichen Sein
zu und darum hat es Würde. Zwar gehört der Mensch als Naturwesen in manchem mit dem Tier zusammen, aber entragt dem
Tierreich auch wieder auf unverkennbare und qualitative Weise. Im Menschen wird die Natur mehr als sie selbst: ein
Naturwesen, das sich selbsthaft, als Person zu sich und
anderen Personen verhalten kann. Nietzsche bringt es auf
die dialektische Formel: Der Mensch - "das noch nicht festgestellte Tier". *)

Jedes Tier ist festgestellt, ist unmittelbar mit seinem
Dasein identisch, ist, was es ist. Der Mensch hat nicht
dies in sich Ruhende und auch Geschlossene des Tieres, er

---

*) Jenseits von Gut und Böse, Aphorismus 62;
   in: Fr. Nietzsche, Werke (Hg. K. Schlechta),
   2. Bd., S. 623. Vgl. a.a.O. S. 862

ist offen, kann seine natürlichen Grenzen immer wieder
überschreiten. "Noch nicht festgestellt" - d.h. die menschliche Natur ist plastisch, auch für sich selber, der Mensch
ist von seiner Bestimmung noch unterschieden; sie ist ein
offener Raum vor ihm, auf den hin er sich entwirft und be-
wegt. Daß der Mensch auf seine Bestimmung noch zugeht und
überhaupt von ihr weiß, das gehört zu seinem Menschsein
und zu seiner Würde.

Biologisch betrachtet ist der Mensch ja ein "Mängelwesen"
- aber zugleich ist dieser natürliche Defekt der Index
einer höheren Vollkommenheit, wie es sie in der Natur
nicht gibt. Auch diese Vollkommenheit, auf die der Mensch
angelegt ist, ist aber nur darum eine höhere, weil sie zugleich auch unendlich gefährdeter ist als bei einem Tier.
Denn der Mensch kann eben nur als Mensch weniger sein als
ein Mensch, er kann unter sich fallen, hinter seiner Bestimmung furchtbar zurückbleiben. Es gibt also die Würde
des Menschen nur unter Einschluß der Möglichkeit von Würdelosigkeit, erbärmlicher bzw. schrecklicher Unwürdigkeit.

5. Weiterhin ist hier zu bedenken, daß Würde immer auch ein
zwischenmenschliches bzw. gesellschaftliches Phänomen ist.
Da vermag einer Würde "auszustrahlen", d.h. die Aura persönlichen Wertes respekterheischend um sich zu verbreiten.
Aber so jemand bringt nur besonders eindrucksvoll zur Erscheinung, was doch jedem, der Menschenantlitz trägt, wesentlich zukommt. Und Würde kann man letztlich auch in sehr
kümmerlichen Verhältnissen bewahren und beweisen. Ein gesellschaftliches Phänomen ist "Würde" dann auch, wo wir
z.B. von einem "Würdeträger" sprechen, d.h., wo jemand
die Ehre und Bedeutung eines Atmes oder einer Institution
repräsentiert. Würde als zwischenmenschliches und gesellschaftliches Phänomen ist in solchen Fällen auf Anerkennung bezogen. Freilich können wir uns auch Situationen
vorstellen, wo jemand seine Würde ganz auf sich allein
gestellt zu wahren versucht, da ihm gerade die Anerken-

nung der anderen oder der Gesellschaft verweigert wird.

Ich möchte an solche Beobachtungen über den zwischenmenschlichen Status der Würde jetzt zwei Reflexionen anknüpfen.

Einmal, zwar ist Würde auch ein gesellschaftliches Phänomen; aber wo sie respektiert wird, da begrenzt die Gesellschaft sich selber gegenüber ihren Gliedern; sie anerkennt
gleichsam, daß der Einzelne nicht bloß eine Funktion des
Ganzen ist. Wo in einer Gesellschaft das Bewußtsein um Menschenwürde wach ist, da weiß die Gesellschaft, daß es noch
etwas Höheres gibt als sie selbst.

Zweitens, Würde ist auch in dem Sinne zwischenmenschlich,
daß sie nur wechselseitig ist. Sie ist stets grundsätzlich
bei beiden Partnern einer Beziehung oder sie ist gar nicht.
Daraus folgt etwas höchst Wichtiges: Wer die Würde eines
anderen antastet, der verletzt notwendig seine eigene Würde. Denn die Würde des anderen Menschen, sie ist zugleich
meine eigene. Meine Würde kann ich (auch für mich selbst)
nicht haben, ohne daß dem anderen die seine unverletzt
bleibt. Schon Kant hat dies gewußt, daß niemand Würde nur
für sich und unter Ausschließen der Mitmenschen haben kann,
seine Formel dafür ist der kategorische Imperativ*).
Würde ist also auch in diesem besonderen Sinn unantastbar,
daß sie nicht aufgeteilt werden kann. Ihr Anerkanntsein
oder Verhindertsein beim einen reflektiert sich unausweich-
lich beim anderen.

Darum auch wird erst im Horizont seiner Würde aus dem abstrakt anderen der mir nahe Mit-Mensch. Menschsein ist
nicht aufteilbar, so daß einige es hätten und anderen es
vorenthalten werden könnte. Vielmehr gibt es Menschsein

---

*) Vgl. Grundlegung zur Metaphysik der Sitten (1785),
   2. Abschnitt; in: Kant's Werke, Akademie-Ausgabe, Bd. 4,
   S. 438 u. 440 mit 429

nur als Mit-Menschlichkeit. Entsprechend ist die Würde der
Atemraum des Zwischenmenschlichen.

6. Heißt Würde, daß ein Mensch nicht auf seine unmittelbare
Außenseite und empirische Einzelheit festgenagelt werden
darf, so daß auch er am allgemein Menschlichen wesentlich
teilhat, so wird verständlich, daß zur Würde die Achtung
davor gehört. Würde gibt es nur, wo humane Distanz einge-
räumt wird, wo man den anderen von seiner Unmittelbarkeit
unterscheidet; ihn achten heißt, ihn als ein Selbst für
sich selber sein lassen. Das Selbstsein ist das sich un-
mittelbarem Zugriff Entziehende und insofern auch Unantastbare. Achtung vor der Würde eines Menschen bedeutet
also zu wissen, daß er als ein eigenes Subjekt stets mehr
ist, als was er sagt, tut und bewirkt, aber auch mehr, als
was von ihm erscheint und wir von ihm wissen. Dies Mehr
seines Für-sich-selbst-Seins, das uns prinzipiell entgeht,
ist das unzugängliche Heiligtum des anderen, sein innerstes
Personsein.

Würde ist also der Lebensraum persönlicher Freiheit, und
ihr entspricht bei den anderen ein Sichzurückhalten, eben
die Achtung. Daher kommt es, daß Würde des Menschen nicht
machbar ist. Menschenwürde ist vielmehr gerade die Instanz,
durch die universelle Machbarkeit allein begrenzt werden
kann. Wenn ausnahmslos a l l e s machbar ist - einschließlich der Macher selbst! -, dann gerät das Humanum in ein
unaufhaltsames Abrutschen. "Menschenwürde" steht insofern
ein für eine nicht weiter zurückführbare Letztevidenz.
Eine Menschheit, die solchen letzten lichtgebenden Punkt
nicht mehr wahrnehmen will, hat sich selber das Licht ausgemacht; dann ist kein Halten mehr für unabsehbare Rela-
tivierungen und anonyme Funktionalisierungen. Wenn wir von
Menschenwürde reden, meinen wir das Unantastbare, das immer
nur vorausgesetzt, aber nicht selbst erzeugt werden kann,
damit der Mensch seine Menschlichkeit, seine humane Sub-

jekposition bewahren kann und sich nicht ins Untermensch-
liche seiner Produkte und ihrer Zwänge bzw. seiner formalen
Produktivität mit verlieren muß. Menschenwürde ist ein Wort,
das von dem Un-Bedingten redet, das allein die reißende
Kette von Bedingungen und Bedingtem in humanen Bahnen hält.
Ohne einen letzten Selbstzweck gibt es keine wahren Zwecke
mehr; alles wird dann in grauenhafter Dialektik nur Mittel
für andere Mittel.

Würde ist nicht machbar - d.h. darum auch: selbst die politische Ordnung kann sie nicht erst herstellen. Auch die
politische Ordnung, die für die Menschenwürde zwar schützend
und pflegend vieles tun kann, kann sie doch nicht hervorbringen; auch sie muß sie schon voraussetzen. Denn Menschenwürde ist immer schon das Kriterium, an dem jede politische
Ordnung sich bemessen und legitimieren lassen muß. Nur um
den Preis der Selbstzerstörung könnte politisches Tun darauf aus sein, die eigene Letztvoraussetzung zu manipulieren.

7. Mit allem Gesagten dürfte auch klar geworden sein: die Würde
des Menschen bezieht sich nicht etwa bloß auf seine "Seele"
in einem abgespaltenen Sinne. Wenn Würde die Lebensbedin-
gung des konkreten Menschen in seinem Menschsein ist, dann
ist sie auch Voraussetzung und Bedingung der konkreten
Existenz des Menschen auf dieser Erde und in der Gesellschaft. Aus der wesenseigenen Würde des Menschen folgt
also der Grundanspruch auf ein menschenwürdiges Leben. Die
Forderung nach Gewährung fundamentaler Menschenrechte steht
darum im Horizont des Wissens von der Unantastbarkeit der
Menschenwürde. Ich habe hier nicht das Thema "Menschenrechte"
zu behandeln. Aber es dürfte deutlich sein, daß die Menschenrechte die konkreten Rahmenbedingungen eines menschenwürdigen, d.h. seiner Würde als Mensch entsprechenden Lebens
für jeden Menschen einfordern. Und diese Konsequenz ist
nicht zufällig, denn die Würde des Menschen bedarf des
Schutzes. Dazu gehört einmal das Wissen um den Sinn und

die Bedingungen von Würde, und dazu gehört dann auch die
rechtliche Gestaltung solcher Lebensbedingungen von Würde.

Freilich sollte man sehen, daß die Forderung nach einem
menschenwürdigen Leben auch das Recht zu einem menschenwürdigen Sterben einschließt. Ich will diesen Sachverhalt,
der ja auch schon ins öffentliche Bewußtsein gelangt ist,
jetzt nicht detailliert ausführen. Aber ich will doch auf
den grundsätzlichen Zusammenhang von menschenwürdigem Sterben und Würde überhaupt hinweisen. Die Würde des Menschen
ist nämlich gar nicht zu denken ohne das Wissen um die
eigene Todesbedrohtheit und Todesverfallenheit. Es gehört
zur Würde des Menschen, daß er wissend auf seinen Tod zugeht und dieses eigene Sterbenmüssen allein zu bestehen
hat. Würde liegt in solcher Tapferkeit vor dem Dunkel, in
das hinein eines jeden Weg führt. Und Würde liegt auch im
schlichten und nüchternen Anerkennen dieser menschlichen
Situation - ohne falsche Todesverklärung, aber auch ohne
falsche Todesverdrängung.

III. Theologischer Begriff

8. Man kann von der Würde des Menschen nicht sprechen, ohne
   von der Bestimmung des Menschen zu reden. Doch, was ist
   das - die Bestimmung des Menschen? Offenbar etwas, was sich
   nicht ohne weiteres von selbst versteht. Offenbar etwas,
   wonach wir fragen können, ja, etwas, das sogar strittig
   ist. Der Mensch ist das Wesen, das nach seiner eigenen Bestimmung fragen, das sich selbst zur Frage werden kann.
   Zum Menschsein gehört, fragen zu können, was das Menschsein
   sei.

Der Mensch weiß also irgendwie um seine Bestimmung - sonst
könnte er nicht n a c h   i h r   fragen -, und er ist
doch nicht schon mit ihr identisch - sonst könnte er nach
ihr nicht   f r a g e n .

Jede inhaltliche Aussage über die Bestimmung des Menschen
muß das also berücksichtigen: daß der Mensch nicht einfach
eins ist mit seiner Bestimmung, aber doch von ihr - zumindest im Modus der Frage danach - weiß, sich zu ihr verhalten,
aber auch sie verfehlen kann. Und schon dies Wort "Bestimmung"
selber lebt von diesem Doppelsinn. Die Bestimmung von etwas meint
ja einerseits ein vorgegebenes Wesensgesetz und andererseits
ein aufgegebenes Wesensziel (telos). In der Bewegung   z w i -
s c h e n  beiden Bedeutungen ist auch der Ausdruck "die Bestimmung des Menschen" zu suchen. Offenbar ist die menschliche
Bestimmung genau dieses Zwischen, das sich vom Vorgegebenen zum
Aufgegebenen ausstreckt und das im Licht des Aufgegebenen das
Vorgegebene einsetzt. Der Mensch  h a t  also nicht einfach ein
festgelegtes Wesen ("das noch nicht festgestellte Tier"), sondern er hat sein Wesen darin, auf sein Wesen hin unterwegs zu
sein. Die menschliche Bestimmung ist dialektisch.

9. Bei Fr. Hölderlin findet sich der tiefsinnige Vers:

    "Ein Zeichen sind wir, deutungslos". *)

Darin haben wir die eben bezeichnete Spannung im menschlichen
Sein. Der Vers artikuliert unsere menschliche Würde auf dialektische Weise. Denn daß wir "ein Zeichen sind", heißt, daß der
Mensch nicht aus sich allein und in sich selber verstehbar ist;
seine Seinslage weist über sich hinaus, der Mensch existiert
als Verweis auf eine Transzendenz bzw. er existiert als Transzendenz. Darin liegt seine unersetzbare Würde. Aber als dies "Zeichen" ist der Mensch, tief paradox, doch "deutungslos". Wir können das, wohin und woraufhin das Zeichen verweist, nicht ding-
fest machen; es steht keiner direkten Deutung zur Verfügung.
Es ist nur im Übersichhinausweisen des Zeichens da. Das ist
das tiefste Geheimnis des Menschseins, daß es selber zum Ort
eines ganz anderen wird, das aber nur so gegenwärtig ist,
daß dieser Ort von sich wegweist.

---

*) Mnemosyne (2. Fassung); in: Sämtliche Werke,
   (Hg. F. Beissner), Kl. Stuttg. Ausg. Bd. 2, S. 204

Aber eben darin ist die Würde des Menschen unantastbar geworden. Eben weil das Zeichen nicht durch eindeutig fixierende Deutung aufgelöst und vermittelt werden kann, bleibt es in seiner Transzendenzbewegung unverfügbar und unverrechenbar. Ein Zeichen, das über sich hinausweist und doch nicht durch eine bestimmte inhaltliche Deutung abzulösen ist, ist etwas Un-bedingtes. Ein solches Zeichen ist der Mensch. Sein Sein weist ins Offene schlechthin, ist Freiheit in der Gegenwart eines Geheimnisses. Als solches unbedeutbare Zeichen hat der Mensch eine einzigartige Würde.

10. Der religiöse Mensch nennt dies Geheimnis der menschlichen Wirklichkeit, das wir als bedeutungsloses Zeichen darstellen, mit dem Wort "Gott". Was hat die menschliche Würde mit Gott zu tun?

K. Rahner hat in einer kleinen "Meditation über das Wort 'Gott'" ein aufschlußreiches Gedankenexperiment angestellt.[*] Er geht davon aus, daß nicht nur erst heute uns dies Wort fragwürdig geworden ist und viele Menschen "wie ein erblindetes Antlitz" ansieht, sondern daß dies unausdenkbare Wort "Gott" überhaupt ein Grenzwort, ja "das letzte Wort vor dem Verstummen" ist.[**] Aber eben als ein solches Letzt- und Grenzwort tut das Wort "Gott" etwas, was kein anderes Menschenwort tun kann: es bringt uns vor das Ganze der Wirklichkeit und vor das Ganze unseres menschlichen Daseins. Nur dies eine Wort eröffnet uns diese Dimension schlechthin unfaßlicher Totalität.

---

[*] in: Wer ist das eigentlich - Gott? Suhrkamp TB 135, (Hg. H.J. Schultz, 1973), S. 13-21. Neuerdings auch in: K. Rahner, Grundkurs des Glaubens (1976)

[**] a.a.O. S. 16, vgl. S. 20

Und nun zeigt Rahners Gedankenexperiment: Wenn einmal dies
Wort "Gott" aus der Sprache der Menschen verschwunden wäre,
und zwar spurlos und ohne Rest, - dann würde der Mensch aufhören, Mensch zu sein. "Er hätte sich zurückgekreuzt zum
findigen Tier".[*] Rahner will also sagen: die unantastbare
Würde des Menschen hängt daran, daß er das Wort "Gott" hat
und daß dies Wort ihm jene Dimension der unendlichen Ganz-
heit und Offenheit aller Wirklichkeit erschließt, weil er
Mensch nur ist, indem er zu dieser Dimension gehört und von
ihr weiß. Darum stellt K. Rahner die Behauptung auf: "Aber
eigentlich existiert der Mensch nur, wo er, wenigstens als
Frage, wenigstens als verneinende Frage, 'Gott' sagt".[**]

Das Wort Gott hat auf tiefgehende Weise mit dem Sein und der
Würde des Menschen zu tun. Dies Wort stammt aus Ursprüngen
und reicht in Ursprünge, aus denen der Mensch selber sein
Wesen hat. Nicht wir schaffen uns das Wort "Gott", wie Rahner
betont, sondern eher gilt, daß eben das Wort "Gott" uns
schafft, weil es uns zu Menschen macht.[***]

11. Das Wort "Gott" spricht in einzigartiger Weise von der menschlichen Würde. Denn das Wort "Gott" weist hin auf ein Maß des
Menschen, das ihm nicht äußerlich aufgedrängt wird - es geht
ja um den Grund, aus dem heraus er Mensch ist - , das aber
zugleich seiner Verfügung unendlich entzogen ist - er soll
sich ja eben von daher verstehen. Im Verständnis von Gott ist
immer ein bestimmtes Verständnis des Menschen mitgesetzt,
und umgekehrt, man kann kein Bild vom Menschen entwerfen, ohne
damit zugleich auszusagen, wer Gott ist.

Darum läßt sich die menschliche Würde letztlich nur begründen und bewahren, indem man sie auf Gott bezieht. Denn Gott,
das ist ja die Wirklichkeit, auf die niemand seine Hand le-

---

*) a.a.O. S. 18
**) ebd.
***) a.a.O. S. 20

gen kann, wie der evangelische Theologe Rendtorff einmal
formuliert hat.[*] Dann aber ist genauso unantastbar wie Gott
selber als das Geheimnis aller Wirklichkeit, auch unantastbar die Würde des auf Gott bezogenen Menschen.

Man kann auch sagen: weil Freiheit zuletzt Gott allein zukommt (Luther: plane divinum nomen[**], auch Thomas von
Aquin), so ist in dieser unendlichen Freiheit Gottes allein
die Freiheit und Würde des Menschen unantastbar aufgehoben.
Jede historische Anerkennung und rein politische Begründung
der Menschenwürde als gesellschaftliche Wirklichkeit ist,
so unverzichtbar sie ist, doch immer nur eine endliche Begründung, d.h. revidierbar oder überholbar. Allein die religiöse Begründung der Würde menschlicher Freiheit ist empirisch nicht einzuholen und in diesem Sinne unantastbar.
Unsere eigene freiheitliche Verfassung bringt das so zur
Geltung, daß noch vor dem Artikel 1,1: "Die Würde des Menschen ist unantastbar. Sie zu achten und zu schützen ist
Verpflichtung aller staatlichen Gewalt" die Präambel sich
zum Bewußtsein ihrer "Verantwortung vor Gott und den Menschen" bekennt.

12. Man darf also sagen: als Mensch vor Gott hat jeder Mensch
    eine unantastbare Würde. Die theologische Tradition hat
    diesen Sachverhalt meist unter dem Begriff "Gottseben-
    bildlichkeit" verhandelt. Allerdings verbindet sich damit
    eine unübersehbare Diskussion bezüglich dessen, worin denn
    die Gottesebenbildlichkeit konkret bestehe: ob in der Ver-
    nunft oder der Freiheit oder der Sittlichkeit des Menschen
    usw.

Ich möchte zunächst viel einfacher formulieren: die Gottesebenbildlichkeit des Menschen besteht darin, daß er  v o n

---

*) Gott - ein Wort unserer Sprache? (Theol. Existenz
   heute. Nr. 171, 1972), S. 29
**) De servo arbitrio, in: Weimarer Ausgabe, Bd. 18,
    S. 636

G o t t  weiß. Und d.h., die Menschlichkeit des Menschen
vollendet sich im Gottesverhältnis. Gottesebenbildlichkeit
ist die anthropologische Wahrheit des Menschen. Je deutlicher
der Mensch von Gott weiß, um so mehr ist er Mensch, d.h. wird
er Mensch, indem er sich als Mensch entspricht. Je mehr wir
Gott Gott sein lassen, desto menschlicher werden wir sein.

Der Begriff der Gottesebenbildlichkeit läßt noch einmal
an den Vers Hölderlins zurückdenken: Wir sind sichtbares
Ebenbild - des Unsichtbaren. Die Bibel läßt darum allein den
Menschen aus Gottes· lebendigem Geisteshauch gebildet sein und
leben.$^{*)}$ Und sie zeichnet den Menschen als das Geschöpf aus,
das von Gott selber angesprochen wird. Das Sein und die Würde
des Menschen sind biblisch darin konstituiert, daß Gott ihn
fragt: Adam, wo bist du? Der Mensch hat Würde als Gefragter
Gottes - auch da noch, wo er in höchst unwürdiger Situation
so gefragt wird.$^{**)}$

13. Wir sahen: es gilt schon überhaupt religiös, daß die Menschen-
    würde im Horizont Gottes ihr unantastbares Fundament findet.
    Für den christlichen Glauben freilich ist die eigentliche Begrün-
    dung noch nicht damit gegeben, daß der Mensch sein Sein und
    seine Würde auf Gott zurückbezieht, um aus Gottes Freiheit sie
    zu begründen. Für den christlichen Glauben hat vielmehr Gott
    das menschliche Sein in seiner Freiheit und Würde a b s o l u t
    begründet, indem Gott selber Mensch geworden ist. Und diese
    Menschwerdung Gottes in Christus, sie ist für den Glauben die
    wahre und definitive Menschwerdung des Menschen selber.

Gott selber Mensch: eine höhere und letztgültige Realität
kann dem Humanum nicht zugesprochen werden. Die Würde des
Menschen beruht, christlich verstanden, in dieser Menschen-
freundlichkeit Gottes: daß Gott selber nicht ohne den Menschen sein will. Damit ist die Würde des Menschen ewig be-

---

*) Vgl. 1Mos 2,7
**) Vgl. 1Mos 3,8-10

gründet: außerhalb seiner und so für ihn selbst und jeden
anderen unantastbar. Der Glaube bezeigt von Christus her:
Gott hat den Menschen gewürdigt, in Gottes eigenes Leben
hineingenommen und darin geborgen zu sein.

Darum ist unser Menschsein noch unterwegs zu seiner ewigen
Bestimmung und darum ist seine Würde unzerstörbar. *)

---

*) Vgl. Luk 20,35; 2Thess 1,5 u. 11 mit
   Offb. 4,11 u. 5,12

# Menschenwürde im Umfeld "Patient-Arzt"

========================================

von Paul Schölmerich

Jahrgang 1916.
Medizinstudium in Bonn, Innsbruck, Wien, Leipzig.
Staatsexamen und Promotion 1941.
Theoretische Ausbildung in der Physiologie bei
Prof. Hans Schaefer am W.G. Kerckhoff-Institut in
Bad-Nauheim 1944-1946.
1946 Beginn der Facharztweiterbildung in Innerer Medizin
an der Med.Fakultät der Philipps-Universität Marburg.
1958 außerplanmäßiger Professor an der gleichen Universität.
1962 kommissarischer Direktor der Med.Universitätsklinik
Marburg/Lahn.
1963 ordentlicher Professor für Innere Medizin und
Direktor der II. Med.Universitätsklinik und Poliklinik
an der Johannes-Gutenberg-Universität in Mainz.
1981 Emeritierung.

Die Entwicklung der Medizin in den letzten Jahrzehnten hat
einen Zwang zur Legitimation vieler Verfahren, Methoden und
Entscheidungen in diesem Sektor unseres Gesamtsystems der
sozialen Sicherung bewirkt. Sie beziehen sich auf einen weiten Bereich ärztlichen Handelns. Die Fragen, die in der Öffentlichkeit lebhaft diskutiert werden, berühren den Einsatz der
Technik in der Medizin, den großen Bereich diagnostischer
und therapeutischer Entscheidungsfindung, besonders in
Extremsituationen des Lebens, aber auch elementare Inter-
aktionen zwischen Arzt und Patient in der Sprechstunde, am
Krankenbett, bei akut und chronisch Kranken, in der Betreuung von alten Menschen, von Tumorkranken und besonders
in der Phase des Lebensendes. In diesem Zusammenhang sind
ethische Fragen und Möglichkeiten normativer Festlegungen
vielfach diskutiert worden. Stichworte in der Diskussion
sind Würde und Unantastbarkeit des menschlichen Lebens, Selbstbestimmung über das eigene Leben, Humanität im Krankenhaus,
Dominanz des technisch Machbaren über das menschlich Sinnvolle, Begrenzung des Lebens, Sterben in Würde.

Mein Bericht ist pragmatisch ausgerichtet. Er orientiert
sich an der elementaren Beziehung zwischen Patient und Arzt,
die unverändert unter dem Paradigma von Not und Hilfe steht.
Er soll allerdings deutlich machen, wie komplex die Problematik im einzelnen sich darstellt. Allgemeine Aussagen vermögen allenfalls Grenzpositionen zu artikulieren, nicht
aber den Zwang aufzuheben, in jedem Einzelfall eine Abwägung
etwa diagnostischer oder therapeutischer Entscheidungen
vorzunehmen, an der Arzt und Patient in gleicher Weise beteiligt sind. Ich möchte in 4 Abschnitten die Problematik verdeutlichen.

Der erste Teil bezieht sich auf das Krankenhaus als soziales
Bezugsfeld. In diesem Bereich spielt vor allem in Hoch-
leistungskliniken die Technik eine Rolle, deren Beziehung

zur Humanität im zweiten Abschnitt behandelt werden soll.
Gegenstand des dritten Bereiches ist die Frage diagnostischer
und therapeutischer Indikationsstellung, die schließlich zur
schwierigen Situation in der Intensivmedizin in den letzten
Abschnitt überleitet.

## 1. Das Krankenhaus als soziales Bezugsfeld

Funktion des Krankenhauses ist die diagnostische Abklärung
von Krankheitszuständen, aus der sich eine therapeutische
Konsequenz ergibt. Sie bezieht sich auf Pflege, ärztliche
Behandlung, u. U. Rehabilitation mit der Möglichkeit einer
Wiedereingliederung in den vor der Erkrankung wirksamen Lebensbereich. Es läßt sich nicht verkennen, daß das Krankenhaus mit diesen Funktionen ein sehr komplexes soziales Bezugsfeld darstellt, in dem ein Zusammenwirken vieler Organisations-
strukturen besteht. Dazu gehören pflegerischer und ärztlicher
Bereich, Sozialdienst, Seelsorge, Verwaltung, Technik, Infra-
struktur, bauliche Konstruktion. Jeder dieser Einzelbereiche
hat ein Eigengewicht und die Tendenz zur Perfektion. Daher
kann sich eine Disproportionalität der verschiedenen Bereiche
ergeben. Betrachtet man die einzelnen Organisationsbereiche,
so ist in jedem Sektor tendentiell eine höhere Stufe der
Rationalisierung angestrebt. Computergerechte Verwaltungsda-
ten, Pflege im Schichtdienst mit mehrfachem Wechsel der Be-
zugspersonen, technische Methoden in Diagnostik und Therapie,
die z.T. von Spezialisten ohne Kenntnis der biographischen
Einzelheiten des Patienten erbracht werden, haben in ihrer Gesamtheit die Tendenz, sich von personaler Beziehung zwischen
Arzt und Patient, zwischen Schwester und Patient zu stärkerer
Betonung technischer Abläufe zu entwickeln.

Sicher ist diese Tendenz kein Sonderfall im Bereich der Medizin,
sondern entspricht den anderen Sektoren unserer Zivilisation.
Die Problematik wird nur bei der Sondersituation des Patienten
im Krankenhaus besonders augenscheinlich. Dazu gehört auch
die Wandlung im Berufsbild, etwa der Schwester, die früher

in der Pflege ihren Lebensinhalt sah, heute in der Regel
in ihrer Tätigkeit nur einen Teil ihrer Lebensverwirk-
lichung zu erkennen vermag. Man darf daraus keinen Vorwurf
für diese Berufsgruppe ableiten. Ihre Einstellung entspricht durchaus der in der Berufswelt insgesamt erkenn-
baren Tendenz. Die Erwartungen des Patienten orientieren
sich allerdings an historischen Vorbildern, ohne zu bedenken, daß auch seine eigene Verhaltensweise als Träger etwa
sozialer Funktionen sich entsprechend gewandelt hat.
Worin besteht nun die Gefährdung des Humanen im Krankenhaus? Wenn wir als Humanitas die Selbstbestimmung des Menschen, die Unantastbarkeit seiner Würde, die Freiheit im
Rahmen einer sozialen Gruppe, seine individuellen Bedürfnisse zu befriedigen, sofern sie die berechtigten Ansprüche
der Gruppe nicht tangieren, verstehen, so lassen sich im
System des Krankenhauses Einschränkungen dieses Humanen
leicht erkennen. Der Patient erfährt, wenn er in das Krankenhaus kommt, eine initiale Isolierung. Er verläßt den bekannten Bereich seines individuellen und gesellschaftlichen
sowie beruflichen Daseins. Er gerät in eine räumliche und
damit auch in gewissem Umfang in eine soziale Absonderung.
Er verliert seine ihm gewohnte Rolle und erleidet u.U.
einen Verlust an Selbstwertgefühl. Die Krankheit, nicht
nur die Tatsache des Krankenhausaufenthaltes, vermag u.U.
einen tiefen Einschnitt, eine Wende in seinem Lebenslauf
zu bedeuten, Ereignisse, die dann durch die Krankenhausauf-
nahme noch übersteigert werden. Zudem ist er veranlaßt, sich
in begrenztem Umfang anderen ihm bis dahin fremden Personen
und bestimmten Regeln zu unterwerfen, deren Notwendigkeit
er nicht immer einzusehen vermag. Er muß diagnostische und
therapeutische Verfahren über sich ergehen lassen, die ihm
fremd sind. Es ist verständlich, daß dieser Eingriff in
sein persönliches Leben, wenn er über längere Zeit wirksam
wird, psychologische Auswirkungen haben kann, die schließlich im Begriff des Erwachsenenhospitalismus kumulieren.

Elemente dieser Verfremdung einer ihn bedrohenden Welt
sind technische Methoden einer Diagnostik mit immer neuen
Bezugs- und Kontaktpersonen, deren Aspekte nur Teilbereiche
des diagnostischen Prozesses bedeuten. Meist handeln die
Spezialisten auch, ohne den biographischen Aspekt des Patienten zu berücksichtigen und weitgehend auch ohne die persönliche Zuwendung. Am stärksten sind die Patienten in der
Regel durch den Routineablauf auf der Station beeindruckt,
die unverständlichen Regeln für Wecken, Aufstehen, Waschen,
Zeitpunkt der Mahlzeiten, Bettruhe, die bei Akutkrankheiten
und kurzem Aufenthalt toleriert, bei längeren Behandlungs-
phasen aber kumulierend zu Problemen führen.

Es stellt sich angesichts dieser Situation natürlich die
Frage der Korrektur. Hier besteht die Gefahr, das Idealbild
einer heilen Welt zu beschwören, das nicht realisierbar ist.
Es ist einfach, darauf hinzuweisen, daß der Arzt den Patienten als gleichberechtigten Partner mit in den Prozeß der
Diagnostik und Therapie einbeziehen muß, daß er für ihn Zeit
haben und seine Fragen beantworten, die Methoden erläutern,
die Indikation erklären und ihn in seinem Krankheitsablauf
begleiten soll, auch wenn die Krankheit sich als unheilbar
erweisen sollte. Man kann solche Verhaltensweise im Unterricht lehren, im unmittelbaren Umgang demonstrieren. Solche
pädagogischen Ansätze sind sicher nicht ohne Wirkung, wenngleich man nicht annehmen darf, daß verbale Information oder
auch beispielhaftes Verhalten in jedem Fall Umsetzungen in
entsprechende Handlungsimpulse bewirken. Bedeutsamer ist
sicherlich eine strukturelle Änderung in der Kooperation
der unmittelbar am Patienten Handelnden, der Ärzte, der
Schwestern, aber auch des zusätzlich mit ihm befaßten Helfer-
potentials, also der physikalischen Therapeuten, des Seelsorgers, in bestimmten Bereichen auch des Psychologen, des
Sozialarbeiters. Es gibt eindrucksvolle Modelle solchen
kooperativen Verhaltens durch Bildung von therapeutischen
Gruppen.

## 2. Technik und Humanität

Die zunehmende Anwendung technischer Verfahren tangiert die
unmittelbare Beziehung zwischen Arzt und Patient. Es war eben
davon bereits die Rede. Ein höherer Grad an Technisierung
bedeutet notwendigerweise auch ein größeres Maß an Spezialisierung.

Kein Arzt vermag in der Klinik die Gesamtheit der für seine
Diagnostik und Therapie notwendigen diagnostischen und
therapeutischen Verfahren am Patienten selbst anzuwenden.
Er ist auf die Zulieferung von seiten seiner Spezialisten
angewiesen. Diese Spezialisierung gilt schon bei ganz ein-
fachen klinischen Verfahren, wie die Aufnahme eines EKG,
Durchführung der Röntgendurchleuchtung. Erst recht sind auf-
wendige Methoden invasiver Diagnostik, Herzkatheterisierung,
Koronarangiographie, Computertomographie und Ultraschallver-
fahren, Spezialuntersuchungen endoskopischer Art Aufgaben,
die nicht von den Spezialisten im Einzelfall mehr als den
Teilaspekt ihres Fachgebietes beim Patienten zu erfassen gestatten. Diese Folgeerscheinung der Spezialisierung mit der
Konsequenz einer unpersönlichen, mehr oder weniger apersona-
len Medizin läßt sich nicht von der Technik her lösen. Sie
läßt sich nur lösen oder in ihrem negativen Aspekt vermindern
und damit erträglicher machen, durch eine besondere Form von
Zuwendung, die auch der Spezialist, der Techniker dem Patienten gegenüber an den Tag legen muß. Zum anderen muß eine
ärztliche Bezugsperson in den diagnostischen und therapeutischen Prozeß eingeschaltet bleiben, die alle Informationen
zu einer Synthese vereinigt und sie dem Patient verständlich machen kann.

Die Wirklichkeit in unseren Kliniken läßt in der Tat erkennen, daß in dieser Hinsicht vielfach Mängel bestehen. Ein
Teil der Bemühungen, das Krankenhaus zu humanisieren, ten-
diert dahin, durch stärkere Einbeziehung des Patienten in den

diagnostischen und therapeutischen Prozeß extreme Auswüchse
dieser Spezialisierung zu vermeiden. Hier besteht sicherlich
auch ein Defizit in der studentischen Ausbildung und ärztlichen Weiterbildung.

Fassen wir die Ansätze für Verbesserungen der Situation noch
einmal zusammen, so bestehen sie in einer bewußt angestrebten
ärztlichen Zuwendung im Umgang mit dem Patienten und zum zweiten in der Wirksamkeit einer konstanten Bezugsperson in der
Interaktion Arzt-Patient. Freilich bedarf es einer ständigen
Bemühung in Aus- und Weiterbildung aller mit dem System befaßten
Personen, den größer gewordenen Abstand zwischen Hilfesuchenden
und einem dem humanen Auftrag Verpflichteten möglichst gering
zu halten.

## 3. Probleme der diagnostischen und therapeutischen Indikation

Die Weiterentwicklung diagnostischer Verfahren hat ohne Zweifel ebenso wie neuere Verfahren der Therapie eine höhere Effektivität bewirkt, zugleich aber zumindest z.T. das Risikopotential
dieser Verfahren stark erhöht. Das gilt für invasive Untersu-
chungsmethoden, etwa in der Kardiologie oder in der Therapie für
risikobelastete Operationen im höheren Lebensalter, für Trans-
plantationen von Organen und die Ausweitung operativer Verfahren in vielen Bereichen. Die Indikation bedarf daher einer besonders intensiven Abwägung von Nutzen und Risiko. Für die
Diagnostik gilt, daß sie prinzipiell nur berechtigt ist bis
zu dem Punkt, der eine adäquate Therapie zu begründen gestattet.
Bei der Therapie müssen alle personalen Gesichtspunkte des konkreten Einzelfalles berücksichtigt werden und natürlich auch
das Nutzen-Risikoverhältnis und insbesondere die Respektierung
des Selbstbestimmungsrechtes des Patienten, mit dem zusammen
die Entscheidung getroffen werden muß. Bei therapeutischen Verfahren sind Indikationsprobleme vor allem in der Tumorchirurgie
und im Prinzip bei älteren Patienten sorgfältig im Hinblick
auf Nutzen, Risiko und Sinnhaftigkeit abzuwägen. Bei Tumoren
müssen die Belastbarkeit des Patienten, der lokale Befund, das
biologische Alter, die soziale Kommunikationsfähigkeit, die

Möglichkeit häuslicher Pflege, der geäußerte oder auch mut-
maßliche Wille des Patienten berücksichtigt werden, auf dem
Hintergrund einer Grundhaltung, für den einzelnen Patienten eine optimale Hilfe zu finden. In diesem Bereich gilt
im besonderen die Verpflichtung, nicht das technisch Machbare, sondern das im Einzelfall menschlich Sinnvolle zu
realisieren.

Ein Sonderproblem stellt die Bewertung bei Neulandverfahren
dar , und zwar sowohl bei konservativer, also medikamentöser, wie auch operativer Therapie. Sie stellen tatsächlich
ein Humanexperiment dar, dessen Folgen bei medikamentöser
Therapie in der Mehrzahl reversibel, bei operativen Behand-
lungsmethoden aber meist irreversibel sind. Ohne Zweifel
sind Neulandverfahren notwendig. Sie bedeuten tatsächlich
den Fortschritt der Medizin jenseits des großen Bereiches
von therapeutischen Verfahren, bei denen einfach strukturierte Gegebenheiten auch einer nicht mit Komplikationen be-
lasteten Therapie zugänglich sind. Unter ethischen Gesichtspunkten ist in solchen Fällen die Erfüllung einiger Voraussetzungen notwendig. Sie beziehen sich auf eine patho-
physiologisch fundierte, rationale Begründung des neuen
Verfahrens, eine zureichende tierexperimentelle Erprobung
und besonders hohe Anforderungen an Aufklärung und Beachtung des Selbstbestimmungsrechtes des Patienten und die
Sorgfaltspflicht des Operateurs. Die Verantwortbarkeit
solcher Verfahren wird erleichtert, wenn nach den bisheri-
gen Erfahrungen keine therapeutische Alternative besteht.
Diese Situation war z.B. bei den zahlreichen angeborenen
Herzfehlern gegeben, die ohne Korrektur mit dem Leben
nicht vereinbar waren, und die daher trotz eines individuell großen Risikos immer wieder zu neuen operativen
Verfahren Veranlassung gaben. Es ist außerordentlich schwierig, in diesem Bereich Grenzen festzulegen. Fast jedes neu
eingeführte Verfahren, angefangen von der Nierentransplan-
tation bis zur inzwischen weit verbreiteten Herztransplan-
tation hat im Beginn skeptische, vielfach sogar negative
Reaktionen ausgelöst. Inzwischen sind Nierentransplanta-
tionen ein Routineverfahren mit hoher Langzeitüberlebens-

rate geworden. Lebertransplantationen werden vermutlich in absehbarer Zeit den gleichen Stellenwert besitzen. Jeder, der in diesem Bereich tätig ist, muß über Wissen, Können, Selbstkritik, Verantwortungsgefühl, menschliche Zuwendung, Hilfsbereitschaft verfügen, Voraussetzungen, die dem menschlichen Anspruch einer solchen Problematik von seiten des Arztes gerecht werden können.

Wenn ich diesen Teil zusammenfassen darf, so lassen sich die Grenzen der Medizin nicht unter dem Aspekt der technischen Weiterentwicklung definieren. Die Begrenzung kann nur begründet werden in der strikten Beachtung der Beziehung zwischen Diagnose und therapeutischem Ziel. Eine weitere Grenzziehung ist notwendig unter dem Aspekt, die Bedeutung für den einzelnen Kranken in den Vordergrund zu stellen. Die Entscheidung steht unter der Maxime, das im einzelnen Sinnvolle, nicht das technisch Machbare zu tun. Diese Lösung klingt einfach. Sie ist aber vielfach konditioniert und umfaßt normative Regelungen und individuelle Bewertungen. Der Entscheidungsspielraum ist groß, um so größer ist aber auch die Verantwortung der handelnden Personen.

## 4. Problematik der Intensivmedizin

Damit komme ich zur ethischen Problematik in der Anwendung der intensivmedizinischen Verfahren. Die vielfach geäußerten Vorwürfe gegen diesen Bereich lassen sich dahingehend zusammenfassen, daß zum einen geklagt wird, die Intensivmedizin sei überwiegend eine Apparatemedizin, unter der die unmittelbare Beziehung zwischen Arzt und Patient oder zwischen Patient und Pflegepersonal leide. Zum anderen versuche die Intensivmedizin eine Lebensverlängerung um jeden Preis, d.h. auch unter den Bedingungen einer auf Elementarfunktionen reduzierten körperlichen Existenz. Schließlich verstoße das Sterben unter den Bedingungen der Intensivmedizin häufig gegen die Menschenwürde.

Der erstgenannte Einwand hat, zumindest von außen gesehen, eine gewisse Berechtigung. In der Tat spielen in der Intensivmedizin technisch-apparative Methoden eine ganz dominante Rolle. Es sei an Respiratortherapie, Defribillation, Schrittmacheranwendung, Dialyseverfahren, Hämoperfusion erinnert. Auch die Überwachungsfunktionen werden zu einem wesentlichen Teil automatisch vorgenommen in Form von fortlaufender Registrierung von Blutdruck, Herzfrequenz, Elektrokardiogramm, Atemablauf, Körpertemperatur usf. Monitorfunktionen dieser Art sind an die Stelle unmittelbarer Beobachtung durch Arzt oder Pflegepersonal getreten.

Angesichts dieser Situation muß aber die Frage gestellt werden, ob mit dieser Methodik nicht eine sehr viel höhere Effektivität erreicht wird, als sie durch unmittelbare Aktion möglich wäre. Für einen Teil der Funktionen ist diese Frage ohne Zweifel positiv zu beantworten, insbesondere für Registrierung von Rhythmusstörungen mit bedrohlichem Charakter oder auch für die Analyse ausreichender Ventilationsgrößen oder eines zureichenden Herzzeitvolumens. So kann man also den Schluß ziehen, daß zwar solche Methoden technisch-apparativer Art persönliche Kontakte ersetzt haben, daß sie andererseits aber eine sehr viel höhere Zuverlässigkeit in der fortlaufenden Erfassung garantieren, so daß die Chance der Überwindung vitaler Krisen größer wird.

Der Haupteinwand gegen die Intensivmedizin richtet sich denn auch nicht gegen diese technischen Verfahren in Diagnostik und Therapie, sondern ganz überwiegend gegen die Indikation zur Anwendung solcher Methoden überhaupt.

Hier muß mit Nachdruck betont werden, daß die Intensivmedizin nicht die Funktion hat, ein unvermeidliches Sterben zu verlängern. Ihre Aufgabe liegt vielmehr darin, das vorübergehende Versagen vitaler Grundfunktionen zu überbrücken. Diese Definition setzt aber voraus, daß der Arzt die Erreichung eines integral regulierten Organismus einschließlich intakter zerebraler Funktion für möglich er-

achtet, wenn er eine intensivmedizinische Behandlung veranlaßt oder beginnt.

Hier liegt aber eine besondere Problematik. Im konkreten
Einzelfall ist es für den Arzt unerläßlich, eine entsprechende Prognose zu stellen. Sie soll ihm die Entscheidung ermöglichen, entweder jenen Maximaleinsatz der Intensivtherapie
vorzunehmen, der die Chance des Überlebens in sich birgt,
oder aber von vornherein auf ihn zu verzichten und damit
u.U. Maßnahmen zu unterlassen, die bei Reversibilität der
vital bedrohlichen Störungen, die unbehandelt mit Wahrscheinlichkeit zum Tode führen würden, ein Überleben mit normaler
oder weitgehend normaler Organfunktion ermöglicht hätten.

Es ist kein Zweifel, daß die individuelle Erfahrung des
Arztes, sein klinischer Eindruck, die Kenntnis aufgrund
vieler anderer Fälle mit ähnlichen Krankheitskonstellationen,
die Kenntnis der Literatur und der Wirksamkeit neuerer therapeutischer Verfahren in vielen Fällen prognostische Aussagen
erlauben. In anderen Bereichen sind aber solche Parameter
nicht genügend aussagefähig, um eine entsprechende Entscheidung zum Maximaleinsatz oder dessen Unterlassung zu treffen.
SPORKEN hat schon darauf hingewiesen, daß häufig eine Intensivtherapie begonnen werden muß, um zu erkennen, ob sie
sinnvoll, d.h. indiziert gewesen ist. Sie bedarf also häufig der Bewertung nicht nur von klinischen Symptomen, sondern labormäßiger Parameter und technischer Untersuchungser-
gebnisse, um eine leidlich zuverlässige Prognose zu stellen.
Wenn wir aber an das Beispiel des kardiogenen Schocks nach
Herzinfarkt denken, der in 80% aller Fälle zum Tode führt,
und nur in 20% überlebt wird, ohne daß wir eine sichere
Voraussage treffen können, so ist an diesem Beispiel überzeugend zu belegen, daß praktisch in jedem Fall eines solchen
Schocks eine Maximaltherapie durchgeführt werden muß, wenngleich sie in 80% aller Fälle vergeblich war. Solche Krank-

heitsabläufe mit schließlich letalem Ausgang führen dann
leicht dazu, in der Öffentlichkeit den Eindruck eines künst-
lich verlängerten Sterbens zu erzeugen. Andererseits darf
nicht bezweifelt werden, daß das technisch Machbare nicht
immer unter dem Aspekt des menschlich Sinnvollen realisiert
wird.

In diesem Zusammenhang stellt sich auch die Frage der Sterbehilfe, die, so glaube ich, durch die sehr sorgfältigen Formu-
lierungen der Schweizerischen Akademie der Wissenschaften
eine vertretbare Lösung gefunden hat. Danach ist eine Hilfe
beim Sterben geboten unter Einschluß jener weiten Skala von
Möglichkeiten des Beistandes durch Zugegensein, durch Zu-
hörenkönnen, durch Gespräch, aber auch durch Linderung von
Schmerz und Angst. Hierbei haben auch Angehörige, Seelsorger,
Schwestern neben Ärzten ihren wesentlichen Platz. Eine aktive Sterbehilfe ist weder ethisch begründbar noch juristisch
vertretbar.

In solchen Fällen werden Regelungen juristischer Art den
Einzelsituationen sicher nicht gerecht. Eine normative Erfassung läßt sich ja nur in Grundprinzipien ermöglichen. Es
können Grenzpositionen markiert werden, die in der Regel nur
ein grobes Raster des ärztlichen Verhaltens darstellen. Im
Einzelfall hat der Arzt, um ein sehr traditionelles Wort zu
gebrauchen, nach bestem Wissen und Gewissen zu entscheiden.
Er ist dabei oft nicht Unsicherheiten, Zweifel und Belastungen enthoben.

## 5. Paradigmawandel in der Medizin?

Lassen Sie mich das Thema Menschenwürde im Umfeld Patient-
Arzt noch unter einem allgemeineren Gesichtspunkt erörtern.
Der Bericht über die Situation im Krankenhaus, über Neuland-
verfahren und erst recht über die Intensivmedizin könnte

leicht den Eindruck erwecken, daß eine Apologetik, eine Ver-
teidigung naturwissenschaftlich-technischer Ansätze in der
Medizin vorgenommen werde. Es wäre ein Mißverständnis, meine Darstellung so zu interpretieren. Allerdings war es meine Absicht, die Schwierigkeit von konkreten Problemlösungen
deutlich zu machen und die Grenzpositionen aufzuzeigen. Damit
ergeben sich leicht Konflikte mit Zeitströmungen, die die
Apparatemedizin beklagen und den großen Abstand zwischen Krankheit als abstrakter Entität und dem von der Krankheit befallenen
Patienten betonen.

Man postuliert unter diesem Aspekt einen Paradigmawandel
in der Medizin, unter Abwendung von dem naturwissenschaftlichen Ansatz und Hinwendung zu einer im weitesten Sinn psychosomatisch oder soziosomatisch definierten Krankheitsauffas-
sung und einer daraus abgeleiteten Therapie. Die drei genannten Paradigmata lassen sich definieren, was die Krankheits-
entstehung angeht, als

- Krankheit als naturwissenschaftlich erklärbare Abweichung
  vom Sollzustand,

- Krankheit als Ausdruck gestörter Ich-Funktion mit somati-
  scher Manifestation,

- Krankheit als Äußerung gestörter Sozialbeziehung in einer
  inhuman gewordenen Gesellschaft.

Es ist kein Zweifel, daß im Selbstverständnis der Medizin
derzeit kein geschlossenes Konzept erkennbar ist, das einem
einheitlichen Bild des Homo patiens zugrunde liegt. Die drei
genannten Paradigmata spiegeln den gleichen Kranken unter
verschiedenen Blickwinkeln. Man kann nicht bezweifeln, daß
der Mensch in seinen körperlichen Reaktionen ein mit naturwissenschaftlichen Methoden erfahrbares Wesen darstellt,
bei dem abnorme Mechanik, abweichendes biochemisches Verhalten oder gestörte Informationsübermittlung für eine

Vielzahl organisch faßbarer Krankheiten als auslösend angesehen werden können. Ebensowenig ist aber die Wechselwirkung
zwischen seelischen Erlebnissen und körperlichen Ausdrucks-
formen zu leugnen. Emotionen können den Bereich der Norm-
varianten weit übersteigen und dann als subjektive Befin-
densstörung oder gar als somatisch, als körperlich faßbare
Erkrankung zum Ausdruck kommen. Schließlich haben auch gesellschaftliche Einwirkungen, die man unter dem allerdings
problematischen Begriff des Streß subsumieren kann, je nach
Intensität und individuellem Bewältigungspotential krankmachenden Charakter.

Die große Aufgabe des Arztes, der Medizin insgesamt besteht
darin, für jeden Kranken das adäquate Paradigma zu finden
und in Diagnostik und Therapie anzuwenden. Dabei wird sich
ergeben, daß vielfach Teilaspekte aus allen genannten Paradigmata mit wechselndem Schwerpunkt zur Wirkung kommen müssen.
Die Medizin darf dabei nicht krankheitsorientiert sein, sondern sich in ihren Handlungsimpulsen am einzelnen Patienten
orientieren. Der Kranke in seiner Einzigartigkeit bestimmt
den Denkstil, in dem sein pathischer Zustand, sein Leiden
vom Arzt begriffen werden muß.

Man sollte, und nun darf ich wieder auf die Problematik
solcher Postulate hinweisen, aber nicht verlangen, daß bei
jeder Krankheit, auch bei banalen Leiden oder der großen
Zahl einfach strukturierter Ursache-Wirkungskomplexe, der
Arzt, wie GADAMER auf dem jüngst abgehaltenen Symposium
zum 100. Geburtstag von Victor von Weizsäcker gesagt hat,
mit dem Patienten in ein existentielles Verhältnis treten
soll. Es sei auch nicht möglich, wie aus dem Bereich der
ärztlichen Anthropologie gefordert, in jedem Fall eine Subjekt-
Subjektbeziehung einzugehen, d.h. den Arzt auch durch den
Patienten in Frage stellen zu lassen. HARTMANN, der in

Erweiterung des von Weizsäckerschen Ansatzes diese Subjekt-
Subjektbeziehung besonders apostrophiert hat, hat sie zugleich
eingeschränkt mit der Bemerkung, daß der Patient im Regel-
fall seine Krankheit und sich selbst als Objekt seiner Krankheit präsentieren wolle, nicht aber in jedem Fall zum Subjekt
gemacht werden möchte. Kein Arzt solle tiefer eindringen, als
der Patient es selber wolle.

So wird man folgern können, daß jenseits der persönlichen
Zuwendung, die elementare Grundlage ärztlichen Handelns darstellt, in vielen Fällen das naturwissenschaftlich orien-
tierte Paradigma mit kausal oder symptomatisch orientierter
Therapie unterhalb der Schwelle psychosomatischer Wechselwir-
kungen den therapeutischen Bedürfnissen entspricht. In einer
Minderzahl wird aber der Schwerpunkt sich zu Analyse von
pathogen wirksamen psychosozialen Faktoren verlagern und
die in der Psychosomatik angewandten diagnostischen und therapeutischen Verfahren wirksam werden lassen. Die Schwierigkeit liegt freilich in diesem Bereich in der Analyse krank-
machender Faktoren, die nicht nach dem Modell eines naturwissenschaftlichen Experimentes definierbar sind, sondern
über den Weg des Verstehens und der Deutung, also über
hermeneutische Verfahren miterlebt werden können. Fehlinter-
pretationen sind vermutlich in diesem Bereich nicht prinzipiell sehr viel geringer als bei der naturwissenschaftlich
begründeten Therapie. Am schwierigsten ist die Definition
gesellschaftlicher Bedingungen in ihrem krankmachenden Potential, noch schwieriger die daraus abzuleitende Therapie.
Hier vermag die Epidemiologie zwar statistische Zusammenhänge zwischen Krankheitserscheinungen und bestimmten gesellschaftlichen Faktoren deutlich zu machen. Im Einzelfall
ist aber eine Krankheitsmanifestation vom individuellen Bewältigungspotential, von Ersatzfunktionen, Anpassung, neuer
sozialer Orientierung und vielen Faktoren abhängig, die in
der Medizinsoziologie diskutiert werden.

60

Es wäre, wenn man die genannten Paradigmata wertet, ungerecht, nur der psychosomatisch und soziosomatisch orien-
tierten Vorstellungswelt den Charakter einer humanen Medizin
zuzuordnen, nicht aber auch dem naturwissenschaftlich begründeten Ansatz. Nicht die Technik ist inhuman, sondern ihre
konkrete Anwendung kann zur Inhumanität führen. Noch einmal
sei betont, daß jenseits der genannten Paradigmata die ursprüngliche Beziehung von Not und Hilfe unverändert den
Denkstil der Medizin bestimmen soll, der keine emotionale
Neutralität des Arztes duldet.


6. Maximen ärztlicher Ethik

Fragen der Verantwortung, der Ethik offenbaren sich in der
praktischen Medizin anläßlich von Individualentscheidungen.
Dabei wird das vielfache Bedingungsgefüge deutlich, das
ärztliche Entscheidungen so problematisch macht, sofern man
als ethische Maximen ärztlichen Handelns das Bestreben ansieht, dem Patienten die bestmögliche Hilfe angedeihen zu lassen. Nicht selten ist eine Güterabwägung notwendig, ein Konsens der pluralistischen Gesellschaft im Hinblick auf den
Rang einzelner Güter liegt aber nicht mehr vor. Es wird auch
beklagt, daß das ärztliche Handeln sich nicht mehr an ein-
deutigen gesellschaftlich akzeptierten und durch Sanktionen
gefestigten Normen orientieren könne. Der Mangel hat in weitem Umfang rechtliche Regelungen notwendig gemacht, die bei
Reduktion ethischer Maximen auf einen Minimalkonsens die Stabilität der Gesellschaft garantieren. Der Arzt ist in das
Normenbewußtsein der Gesellschaft eingefügt wie jeder andere
Träger eines Berufes, der mit zwischenmenschlichen Beziehungen befaßt ist. Angesichts der professionellen Sondersituation, die sich auf höchst persönliche und häufig kri-
senhafte Lebenssituationen bezieht, ist er nur öfter und
unter dramatischen Umständen mit ethischen Problemen befaßt. Der Katalog ethischer Postulate ist prinzipiell nicht

von dem der Gesamtgesellschaft verschieden. Er umfaßt

- Anerkennung des einzelnen als Person,
- Recht auf Leben,
- Recht auf körperliche und seelische Unversehrtheit,
- Achtung der Würde des Menschen,
- Selbstbestimmung des Menschen unter Beachtung gleicher
  Rechte anderer,
- Gebot, den Menschen nicht als Mittel zum Zweck in An-
  spruch zu nehmen.

Daraus lassen sich unter dem Gesichtspunkt ärztlicher Hand-
lungsweisen speziellere Maximen ableiten, nämlich

- Bemühung um Erhaltung des Lebens,
- Sorge für das Wohl des Kranken,
- Vermeidung von Schäden durch ärztliche Handlungen an
  Gesunden und Kranken,
- Notwendigkeit einer umfassenden Aufklärung, die Nutzen und
  Risiko ins Kalkül zieht.

Es ist deutlich, daß solche Postulate einen höheren Abstrak-
tionswert aufweisen, der ähnlich wie im Rechtswesen, eine Abwägung im Einzelfall notwendig macht, zugleich aber durch
Interpretation und Bezugnahme auf einzelne Postulate eine Anpassung an Neuentwicklungen ethischer Dimension erleichtern
kann. Versucht man diese Postulate in die Begriffswelt der
gegenwärtig diskutierten Ethik einzuordnen, so lassen sich am
ehesten Elemente der Verantwortungsethik erkennen. Sie orientiert sich an den Folgen unserer Handlungen oder Unterlassungen.
Der diagnostische und therapeutische Fortschritt hat dieser
Abwägung eine neue Dimension gegeben, die in höherem Maße als
bisher ethische Reflexionen erfordert. Die Herausforderungen
werden in Zukunft eher wachsen. Die neuen Entwicklungen, etwa
in der Reproduktionsbiologie, die Möglichkeiten genetischer
Manipulation, aber auch schon die Weiterentwicklung des Organ-
ersatzes können Fragen aufwerfen, auf die wir gegenwärtig
z.T. noch keine zureichenden Antworten wissen.

Es läßt sich hoffen, daß auch in den nächsten Stufen des therapeutischen Fortschritts die Bewältigung des permanenten ethischen Dilemmas möglich sein wird, das zwischen Sein und Sollen auch in der Medizin besteht.

## Literatur

1. Bock, H.E.:Ärztliche Ethik am Krankenbett aus internistischer Sicht. In: Gross,R., H.H.Hilger, W.Kaufmann, P.G.Scheurlen: Ärztliche Ethik. Stuttgart/New York 1978.

2. Brenner,G.:Euthanasie und Lebensrecht des Menschen. Med.Welt 28. 690 (1977).

3. Deutsch, E.: Sterbehilfe und Euthanasie als rechtliches Problem. Arztrecht 16. 125 (1981).

4. Doerr,W., W.Jacob, A.Laufs (Hrsg.): Recht und Ethik in der Medizin. Berlin/Heidelberg/ New York 1982.

5. Helmchen,H., R.Winau (Hrsg.): Versuche mit Menschen. de Gruyter Berlin/ New York 1986.

6. Jonas,H.: Das Prinzip Verantwortung. Frankfurt 1983.

7. Just,H.J, H.P.Schuster: Intensivmedizin in der Inneren Medizin. INA Bd.8. Stuttgart 1977.

8. Koslowski,P., P.Kreuzer, R.Löw (Hrsg.): Die Verführung durch das Machbare. Stuttgart 1983.

9. Olbing H.: Zur Güterabwägung in medizinischen Grenzsituationen. Fortschr. Med. 34.1535 (1982).

10. Piechowiak,H.: Die Euthanasieproblematik. Therapiewoche 33.1462 (1983).

11. Rössler,D.: Der Arzt zwischen Technik und Humanität. München 1977.

12. Schaefer,H.: Medizinische Ethik. Heidelberg 1983.

13. Schlaudraff,U. (Hrsg.): Ethik in der Medizin. Springer Berlin/Heidelberg/New York 1987.

14. Schölmerich,P.: Das Krankenhaus als soziales Umfeld. Therapiewoche 31.5357 (1981).

15. Schölmerich,P.:Probleme der Intensivmedizin. In: Martini,G.A. (Hrsg.): Medizin und Gesellschaft. Stuttgart 1982.

16. Schölmerich,P.: Zur ethischen Problematik des therapeutischen Fortschritts. In: Verantwortung und Ethik in der Wissenschaft. Berichte und Mitteilungen der Max-Planck-Gesellschaft. München 1984.

17. Sporken,P.: Das Problem der Sterbehilfe. Ethische Überlegungen. Verh. Dtsch. Ges. Inn.Med. 82. 1 (1976).

18. Schuster, H.P., L.S.Weilemann: Grenzen der internistischen Intensivmedizin. Med. Klin.76.443 (1982).

19. Wachsmuth,W., H.L.Schreiber: Von der Unberührbarkeit des Todes. Frankfurter Allgemeine Zeitung Nr. 271.1982.

20. von Weizsäcker,C.F.: Die Einheit der Natur. München 1974.

# Menschenwürde - ein universelles Menschenrecht

von Günther Jaenicke

Geboren 5. Januar 1914 in Halle (Saale).
Studium der Rechtswissenschaften in Halle und Heidelberg.
Erstes und zweites juristisches Staatsexamen. Promotion zum
Dr. jur. in Heidelberg. Wissenschaftlicher Assistent am
Kaiser-Wilhelm-Institut für ausländisches öffentliches Recht
und Völkerrecht in Berlin.
1939 bis 1945 Wehrdienst. Nach dem Kriege Richter (1945 -1946),
Syndikus (1946 - 1949), Rechtsanwalt (1952 - 1959), Referent,
später Abteilungsleiter am Max-Planck-Institut für ausländi-
sches öffentliches Recht und Völkerrecht in Heidelberg (1950-
1959). Habilitation an der Rechtswissenschaftlichen Fakultät
der Universität Heidelberg 1957. Seit 1959 ordentl. Professor
der Rechte an der Universität Frankfurt/Main und seit 1968
Direktor des Instituts für ausländisches und internationales
Wirtschaftsrecht in Frankfurt/Main.
Seit 1958: Wissenschaftliches Mitglied der Max-Planck-Gesellschaft.
Seit 1969 Mitglied des Executive Council der International
Law Association und Vorsitzender der Deutschen Vereinigung
für Internationales Recht (der deutschen Landesgruppe der
Association). Prozeßvertreter der Bundesrepublik Deutschland
vor dem Internationalen Gerichtshof in Den Haag (1967 - 1969,
1972 - 1974); Rechtsberater der Delegation der Bundesrepublik
auf der Seerechtskonferenz (1974 - 1982).

Mein Referat hat die  r e c h t l i c h e   D i m e n s i o n
d e r   M e n s c h e n w ü r d e   zum Gegenstand. Dabei geht
es um den Beitrag, den die nationale und internationale
Rechtsordnung zum Schutz dieses zentralen Grundwertes der
menschlichen Persönlichkeit leisten kann. Die Notwendigkeit

der Achtung der Würde jedes menschlichen Wesens, die nach
dem zweiten Weltkriege in den Vordergrund der Menschenrechtspolitik gerückt ist, war keine neue Erkenntnis. Die Menschenwürde war bereits in früheren Jahrhunderten für den christlichen Humanismus und die Naturrechtslehre der rechtsphilo-
sophische Ausgangspunkt für die Forderung nach Anerkennung
angeborener und unveräußerlicher Menschenrechte. Kant bezeichnete in seiner Ethik die Achtung der Menschenwürde als
notwendige Grundlage jeder Rechtsordnung. Die Rückbesinnung
auf die Notwendigkeit eines speziellen rechtlichen Schutzes
der Menschenwürde nach dem zweiten Weltkriege war die verständliche Reaktion auf die Verherrlichung der staatlichen
Allmacht und auf die im Namen des Staates begangenen Unmenschlichkeiten; der Schutz der Menschenwürde hat auch in
der heutigen Zeit noch seine brennende Aktualität behalten,
wenn wir daran denken, daß in vielen Teilen der Welt die
Menschenwürde nach wie vor mit Füßen getreten wird. Die Rückbesinnung auf die Menschenwürde als die eigentliche Basis
der Menschenrechte hat in den letzten Jahrzehnten nicht nur
in unserem Verfassungsrecht, sondern vor allem auch im Aufbau
eines internationalen Menschenrechtsschutzes ihren rechtlichen
Niederschlag gefunden. Ich werde in meinem Referat zunächst
die nationale und dann die internationale Entwicklung aufzeigen.

I.

Artikel 1 des Grundgesetzes der Bundesrepublik Deutschland beginnt mit den Sätzen:
"Die Würde des Menschen ist unantastbar. Sie zu achten und
zu schützen ist Verpflichtung aller staatlichen Gewalt."

Diese Sätze sind sowohl Einleitung als auch zugleich Begründung für das im zweiten Absatz des Artikel 1 ausgesprochene
"Bekenntnis zu unverletzlichen und unveräußerlichen Menschenrechten als Grundlage jeder menschlichen Gesellschaft"

und für die dann in den nachfolgenden Artikeln des Grundgesetzes garantierten speziellen Grund- und Menschenrechte
(Schutz des Lebens, der körperlichen Integrität und der Freiheit, der freien Entfaltung der Persönlichkeit, der Glaubens-,
Gewissens- und Bekenntnisfreiheit, der Meinungsfreiheit, der
Berufsfreiheit und des persönlichen Eigentums, um nur die wichtigsten zu nennen). Die Bedeutung der Achtung und des Schutzes
der Menschenwürde als Grundlage des Grundrechtskatalogs wird noch
dadurch unterstrichen, daß dieser in Artikel 1 des Grundgesetzes
niedergelegte Grundsatz zu denjenigen gehört, die ausdrücklich
einer Grundgesetzänderung entzogen sind, d.h. also zu den un-
abänderlichen Grundsätzen unserer Verfassung gehören.

Die Bundesrepublik ist der erste und einzige Staat, der den
Schutz der Menschenwürde an den Anfang seiner Verfassung und an
die Spitze des Grundrechtskatalogs gestellt hat, nachdem bereits
vor der Gründung der Bundesrepublik die neuen Verfassungen einiger deutscher Länder, wie z.B. Bayern, Bremen, Hessen, den Schutz
der Menschenwürde in ihren Grundrechtskatalog aufgenommen hatten.
Es war die verständliche Reaktion auf die leidvollen Erfahrungen
des vorangegangenen Unrechtsregimes und der im Namen des Staates
begangenen Unmenschlichkeiten, den Eigenwert der menschlichen
Persönlichkeit zum zentralen Bezugspunkt der Stellung des einzelnen zum Staat zu machen. Der auf diese Weise in unserer Verfassung verankerte Schutz der Menschenwürde ist nicht nur Begründung und Interpretationshilfe für die im Grundrechtskatalog
verfassungsrechtlich garantierten Rechte des einzelnen, sondern
darüber hinaus selbständige Rechtsgrundlage für den verfassungsrechtlichen Schutz der Menschenwürde, wo die speziellen Grundrechte Lücken aufweisen. Denn es kann kein Zweifel bestehen,
daß heute der Mensch neuen und andersartigen Gefährdungen seiner
Persönlichkeit ausgesetzt ist als denen, vor denen ihn die traditionellen Grund- und Menschenrechte schützen sollten. Wissenschaft und Technik erlauben heute subtilere Methoden der Gewalt-
ausübung über den Menschen. Beispiele hierfür sind elektronische

Abhörmethoden, Speicherung von persönlichen Daten, Publika-
tion von intimen Vorgängen aus der Privatsphäre, überzogene
Meldepflichten, Anwendung von Wahrheitsdrogen und sonstiger
Psychopharmaka, gentechnische Manipulationen.*) Das Bundesverfassungsgericht und andere Gerichte in der Bundesrepublik
haben deshalb nicht gezögert, aus dem in Art.1 Abs. (1) des
Grundgesetzes verankerten Schutz der Menschenwürde einen
selbständigen und unmittelbaren verfassungsrechtlichen Anspruch des einzelnen auf Achtung und Schutz seiner Menschenwürde herzuleiten, wo die speziellen Grundrechte keinen aus-
reichenden Schutz der menschlichen Persönlichkeit gewährleisten. Das Bundesverfassungsgericht sieht die freie
menschliche Persönlichkeit und ihre Würde als den höchsten
Rechtswert an, der in allen Bereichen des öffentlichen Lebens, nicht nur im Verhältnis des einzelnen zur öffentlichen
Gewalt, sondern auch im Verhältnis der Menschen zueinander

---

*) Siehe hierzu den im Januar 1987 vorgelegten Bericht der
   vom Deutschen Bundestag eingesetzten Enquete-Kommission
   zum Thema "Chancen und Risiken der Gentechnologie".
   Die Kommission empfiehlt unter anderem die von der Bundesregierung am 28.5.1986 erlassenen "Richtlinien zum
   Schutz vor Gefahren durch in vitro neukombinierte Nuklein-
   säuren", die zur Zeit nur die unmittelbar oder mittelbar vom Bund geförderten Forschungs- und Entwicklungs-
   vorhaben erfassen, durch eine generell die gesamte Forschung auf diesem Gebiet erfassende gesetzliche Regelung
   über die Registrierungs- und Zulassungspflicht derartiger
   Experimente zu ersetzen. Die Kommission schlägt ferner
   vor, gentechnische Eingriffe in die menschliche Keimbahn,
   auch bei Embryonen, generell zu verbieten, um einem Mißbrauch genetischer Techniken zum Zwecke der Menschenzüch-
   tung entgegenzuwirken. Der Text des Berichts ist in der
   Bundestagsdrucksache 10/6775 veröffentlicht; über den
   Inhalt berichtet im einzelnen das Kommissionsmitglied
   Professor Dr. Ernst Deutsch in der Zeitschrift für Rechtspolitik 1987, No. 9, S. 305-310.

zu beachten ist. *) Ich werde auf die praktischen Anwendungs-
fälle dieser Rechtsprechung noch zurückkommen.


II.

Wenn es um die Gewährleistung eines effektiven verfassungsrechtlichen Schutzes der Menschenwürde geht, ist es unerläßlich,
den Schutzbereich mit hinreichender Klarheit zu definieren. Was ist in diesem Zusammenhange unter "Menschenwürde"
zu verstehen? Unter welchen Voraussetzungen liegt eine Verletzung der Menschenwürde vor? Die verfassungsrechtliche Lehre
hat sich vergeblich bemüht, eine überzeugende und allseits
akzeptierte Definition des Rechtsgutes der "Menschenwürde" zu
liefern; sie ist über eine allgemeine Umschreibung des Menschen-
bildes, das hinter diesem Begriff steht, nicht hinausgekommen;
sie vermag lediglich die Richtung anzugeben, in der im konkreten Falle der Schutzbereich der Menschenwürde zu suchen ist.
Diese Umschreibung besagt, daß sich die Würde des Menschen in
dem gründe, was seine Persönlichkeit ausmache, nämlich in seiner Fähigkeit zur Selbstbestimmung und Selbstgestaltung. Mir
scheint, daß es aussichtslos ist, eine allgemeingültige Definition alles dessen finden zu wollen, was die Menschenwürde
ausmacht. Der Grund ist, daß das Menschenbild, das der Idee
des Schutzes der Menschenwürde zugrundeliegt, von der philo-
sophischen und weltanschaulichen Auffassung des Betrachters
geprägt wird. Diese Auffassungen werden in unserer pluralistischen Gesellschaft immer unterschiedlich sein und sich in ihren
Akzentsetzungen laufend ändern. Das gilt auf der internationalen Ebene noch mehr als im nationalen Bereich, wo verfassungsrechtliche und gesetzgeberische Wertentscheidungen eine teil-
und zeitweise Konformität zu gewährleisten vermögen.

---

*) Entscheidungen des Bundesverfassungsgerichts
   (BVerfGE) Bd. 12, S. 53; 27, S. 6; 30, S. 193;
   35, S. 225; 39, S. 43 und 45, S. 227.

Die Rechtsprechung des Bundesverfassungsgerichts hat daher vorsichtiger agiert und sich einer
allgemeingültigen Definition der verfassungsrechtlich ge-
schützten Menschenwürde enthalten. Das Gericht hat in einem
Falle, in dem es um die Verfassungsmäßigkeit der Anordnung
von geheimen Brief- und Telefonkontrollen aus Gründen der
Staatssicherheit ging,*) den Schutzbereich der Menschenwürde
vom konkreten Verletzungsvorgang her bestimmt: Danach sei
eine Verletzung der Würde des Menschen dann gegeben, wenn
er einer Behandlung ausgesetzt werde, die seine Subjektqualität prinzipiell in Frage stellt; die Behandlung durch
die öffentliche Hand berühre dann die Menschenwürde, wenn
sie Ausdruck der Verachtung des Wertes sei, der dem Menschen
kraft seiner Person zukomme, also in diesem Sinne eine
"verächtliche Behandlung" sei. Im konkreten Streitfall
hat das Gericht jedoch die geheime Post- und Telefonkon-
trolle wegen der speziellen Erfordernisse der Staatssicherheit und der verfahrensmäßigen Kautelen für die Anordnung
einer solchen Maßnahme nicht als eine solche entwürdigende
Behandlung der Betroffenen angesehen. In weiteren Fällen,
in denen es um statistische Erhebungen ging, hat das Bundesverfassungsgericht den Grundsatz entwickelt, daß es mit der
Menschenwürde nicht vereinbar sei, den Menschen zwangsweise in seiner ganzen Persönlichkeit zu registrieren und
zu katalogisieren, und daß der einzelne grundsätzlich selbst
entscheiden kann, wann und innerhalb welcher Grenzen persönliche Lebenssachverhalte offenbart und gespeicherte Daten
verwendet werden. Statistische Erhebungen seien zwar zur Erfüllung der staatlichen Aufgaben notwendig und, soweit die
erfragten Daten sich im Rahmen des notwendigen Informations-
bedürfnisses halten, auch zulässig und tangierten die Menschenwürde noch nicht. Derartige Erhebungen seien jedoch
dann entwürdigend und eine Gefährdung des persönlichen Selbst-

---

*) Entscheidung des Bundesverfassungsgerichtes
   vom 15.12.1970 (BVerfGE Bd.30, S. 25-26)

bestimmungsrecht, wenn sie auch denjenigen Bereich menschlichen Eigenlebens zu erfassen suchten, der von Natur aus
der Privatsphäre zuzurechnen sei, was bei der hier ange-
griffenen statistischen Umfrage nach dem Umfang und den
Zielen von Urlaubsreisen allerdings noch nicht der Fall sei.[*]
In der bekannten Entscheidung zum ersten Volkszählungsgesetz
hat das Bundesverfassungsgericht ein Recht auf "informationel-
le Selbstbestimmung" anerkannt und gesetzliche Vorkehrungen
verlangt, die die Anonymität der gespeicherten Daten sichern,
persönliche Daten nur denjenigen Verwaltungsstellen zugänglich machen, für die sie bestimmt sind, und ihre mißbräuch-
liche Verwendung verhindern.[**]

In der Ausgestaltung des Gerichtsverfahrens haben die Gerichte
in breitem Umfange auf den Grundsatz der Achtung der Menschenwürde zurückgegriffen.[***] Unzulässig sind Vernehmungs- und
Beweisführungsmethoden, die die freie Willensbetätigung der
Betroffenen beeinträchtigen oder völlig ausschließen; dazu
gehören z.B. der Lügendetektor und die Verabreichung von
Psychopharmaka. Unzulässig ist ferner die Verwertung solcher
Beweismittel, die unter Verletzung der Persönlichkeitssphäre
erlangt worden sind, wie z.B. heimlich auf Tonband aufgenom-
mene Äußerungen, unbefugt mitgeschnittene Telefongespräche,
Krankengeschichten und ärztliche Gutachten, die der ärzt-
lichen Schweigepflicht unterliegen. Dies gilt jedoch nicht
absolut, sofern die Verfolgung einer schweren Straftat ohne
Verwertung derartiger Beweismittel nicht möglich wäre.
Obwohl der einzelne prinzipiell selbst darüber bestimmen
kann, ob sein Bild veröffentlicht werden soll - von sog.
"Personen der Zeitgeschichte" abgesehen -, ist es ausnahms-

---

[*]    BVerfGE Bd. 27, S.1

[**]   Entscheidung vom 15.12.1983
       (BverfGE Bd.65, S.41 ff)

[***]  Entscheidungen des Bundesgerichtshofes in BGHSt 5,
       S. 332 ff., 14, S.358 ff ; 19, S. 325 ff

weise zulässig, Bilder von Verdächtigen mit Namensnennung
in den Medien zu veröffentlichen (wie z.B. in der Fernseh-
sendung XY), wenn dies wegen der Schwere der Tat, des Aus-
maßes des Tatverdachts und des Versagens konventioneller
Mittel zur Verbrechensaufklärung gerechtfertigt erscheint.[*]
Verurteilten Straftätern muß die Chance einer Resozialisierung offen gehalten und darf ihnen nicht wegen der Schwere
ihrer Straftat ohne weitere Prüfung abgeschnitten werden.[**]
Entwürdigende Bedingungen im Strafvollzug sind unzulässig.

Nicht eindeutig entschieden ist bisher, ob und in welchem
Umfange sich das Recht auf Achtung der Menschenwürde zu
einem geldwerten Anspruch gegen den Staat auf Gewährleistung
eines menschenwürdigen Existenzminimums verdichten kann.
Auch wenn man einen solchen Anspruch im Prinzip bejahen
möchte, so müßte man doch dem Gesetzgeber einen erheblichen
Ermessensspielraum bei der Erfüllung dieser Verpflichtung
im Rahmen der verfügbaren öffentlichen Mittel zuerkennen.
Diese Problematik hat in der Bundesrepublik heute kaum
eine praktische Bedeutung, da der Gesetzgeber das Existenzminimum aller Bewohner der Bundesrepublik durch das Sozial-
hilfegesetz und zahlreiche weitere Sondermaßnahmen, wie
z.B. Arbeitslosenhilfe, Wohngeld, Kindergeld, Kranken- und
Schwerbehindertenfürsorge, in umfänglicher Weise gesichert
hat.

Die bisherige Rechtsprechung läßt sich dahin zusammenfassen, daß der verfassungsrechtliche Schutzbereich der
Menschenwürde dann berührt ist, wenn in die Persönlichkeitssphäre des einzelnen Menschen in einer Weise eingegriffen

---

[*]   Entscheidung des OLG Frankfurt, abgedr. in Neue
      Juristische Wochenschrift 1971, S. 47 ff.
[**]  Entscheidungen des Bundesverfassungsgerichts in BVerfGE 35,
      S. 235 ff., 36, S. 188 ff.

wird, die nicht aus überwiegenden Interessen des Gemeinwohls
notwendig ist. Diese Relativierung des Schutzes der Menschenwürde mag unbefriedigend erscheinen; sie trägt jedoch der
Situation Rechnung, daß das einzelne Individuum keine unlimi-
tierte Freiheit der Selbstbestimmung genießen kann, sondern in
die soziale Gemeinschaft mit seinen Mitmenschen eingebunden
ist. Es ist jedoch hervorzuheben, daß unsere Verfassung in dem
Spannungsverhältnis zwischen dem einzelnen und der Gemeinschaft
eine Vermutung zugunsten der freien Selbstbestimmung des einzelnen enthält.


III.

Die Schaffung internationaler Garantien zum
Schutz der Menschenrechte nach dem zweiten Weltkriege hat eine neue Entwicklungsphase der Völkerrechtsordnung
eingeleitet, nachdem es bis dahin ausschließlich von der Verfassung eines jeden Staates abhing, in welchem Umfange seinen Bür-
gern Rechte und Freiheiten gegenüber der staatlichen Gewalt
garantiert wurden. Die internationale Menschenrechtspolitik
machte ebenso wie die deutschen Nachkriegsverfassungen den
Schutz der Menschenwürde zum zentralen Bezugspunkt für die Ausformung menschenrechtlicher Garantien. Bereits die 1945 beschlos-
sene Charta der Vereinten Nationen bekräftigte
in ihrer Präambel den "Glauben an die Grundrechte des Menschen,
an Würde und Wert der menschlichen Persönlichkeit" und ver-
pflichtete die Mitgliedsstaaten der Vereinten Nationen zur internationalen Zusammenarbeit, um die Achtung vor den Menschenrechten und Grundfreiheiten zu fördern und zu festigen. Artikel 12
der Charta ermächtigte die Generalversammlung der Vereinten
Nationen ausdrücklich, durch geeignete Empfehlungen "zur Verwirklichung der Menschenrechte und Grundfreiheiten beizutragen".
Die Generalversammlung verabschiedete in Erfüllung dieses Auf-
trages am 10. Dezember 1948 die Universelle Deklaration der Menschenrechte. Diese Deklaration war in
den folgenden Jahren die Grundlage für die Formulierung ent-

sprechender Grundrechte in den nationalen Verfassungen und
vor allem der Ausgangspunkt für die Schaffung universeller
internationaler Konventionen, in den sich die vertragsschließenden Staaten zur Gewährleistung der in den Konventionen formulierten Menschenrechte in ihren nationalen
Rechtsordnungen verpflichteten. Die grundlegenden Konventionen dieser Art sind die beiden I n t e r n a t i o n a -
l e n   K o n v e n t i o n e n   ü b e r   b ü r g e r l i -
c h e   u n d   p o l i t i s c h e   R e c h t e   u n d
ü b e r   w i r t s c h a f t l i c h e   u n d   k u l t u -
r e l l e   R e c h t e vom 19. Dezember 1966, die mittlerweile von fast 90 Staaten als verbindlich angenommen worden
sind, *) darunter von der Bundesrepublik und den anderen westeuropäischen Staaten ebenso wie von der Sowjetunion und den
anderen Staaten des Ostblocks. Daneben gibt es weitere Konventionen, die spezielle menschenrechtliche Bereiche zum Gegenstand haben, deren internationale Regelung als besonders
dringlich betrachtet worden ist, wie z.B. das Verbot rassischer Diskriminierungen, den Schutz vor Folter und anderer un-
menschlicher oder erniedrigender Behandlung, die Unterdrückung
des Menschenhandels, die Beseitigung von Diskriminierungen
in der Ausbildung und im Beruf. Die universellen Konventionen werden ergänzt durch regionale Konventionen, wie z.B.
die E u r o p ä i s c h e   M e n s c h e n r e c h t s k o n v e n t i o n
v o m   4 . 1 1 . 1 9 5 0 , **)   d i e   A m e r i k a n i s c h e

---

*)   Die Konvention über bürgerliche und politische Rechte
     ist von 87, die Konvention über wirtschaftliche, soziale
     und kulturelle Rechte von 91 Staaten ratifiziert worden
     (Stand 1.12.1987)

**)  Die Konvention gilt zwischen den folgenden Staaten West-
     europas und des Mittelmeerraumes: Belgien, Dänemark
     (mit Grönland), Bundesrepublik Deutschland, Frankreich,
     Griechenland, Großbritannien, Irland, Island, Italien,
     Liechtenstein, Luxemburg, Malta, Niederlande, Norwegen,
     Österreich, Portugal, Schweden, Schweiz, Spanien, Türkei
     und Zypern.

Menschenrechtskonvention vom 22.11.1969 [*)]
und die Afrikanische Menschenrechtscharta
vom 27.6.1981,[**)] die speziellen regionalen Konzeptionen
Rechnung tragen und die verfahrensmäßigen Garantien für den
einzelnen verbessern wollen.

---

[*)]  Diese Konvention ist bisher von 19 der 33 Mitglieder
      zählenden Organisation Amerikanischer Staaten ratifiziert
      worden: Argentinien, Barbados, Bolivien, Columbien,
      Costa Rica, Dominikanische Republik, Ecuador, El Salvador,
      Grenada, Guatemala, Haiti, Honduras, Jamaica, Mexiko,
      Nicaragua, Panama, Peru, Uruguay und Venezuela (Stand
      1.4.1987).

[**)] Die afrikanische Menschenrechtscharta ("Banjul
      Charter on Human and Peoples' Rights") ist seit dem
      21.10.1986 in Kraft, nachdem sie von der Mehrheit der
      Mitgliedstaaten der Organisation für Afrikanische Ein-
      heit ratifiziert worden ist. Sie gilt zur Zeit (Stand:
      1.4.1987) zwischen folgenden afrikanischen Staaten:
      Ägypten, Algerien, Äquatorialafrika, Benin, Botswana,
      Burkina Faso, Gabun, Gambia, Guinea, Guinea Bissao, Kamerun,
      Kongo, Komoren, Liberia, Madagaskar, Mali, Mauretanien,
      Niger, Nigeria, Ruanda, Sambia, Senegal, Sierra Leone,
      Somalia, Sudan, Tansania, Togo, Tschad, Tunesien,
      Uganda, Zentralafrika, Zimbabwe. Die Charta enthält
      neben dem Katalog der Freiheitsrechte des einzelnen
      einen Katalog der Pflichten des einzelnen sowie einen
      Katalog der "Rechte der Völker" (Selbstbestimmungsrecht,
      Souveränität über die Bodenschätze und anderen natürli-
      chen Reichtümer ihres Landes, Recht auf ihre eigene Ent-
      wicklung, Recht auf friedliche Beziehungen zwischen den
      Völkern und Recht auf eine zufriedenstellende und ihre
      Entwicklung begünstigende Umwelt.

Die Universelle Menschenrechtsdeklaration
beginnt ihre Präambel mit der grundlegenden Feststellung, daß
die Anerkennung der allen Menschen eigenen Würde und ihrer
gleichen und unveräußerlichen Rechte die Grundlage der Freiheit, der Gerechtigkeit und des Friedens in der Welt bilde,
und statuiert in ihrem ersten Artikel den Grundsatz: "Alle
Menschen sind frei und gleich an Würde und Rechten geboren.
Sie sind mit Vernunft und Gewissen begabt und sollen einander
im Geiste der Brüderlichkeit begegnen". Die auf der Basis
dieser Erklärung abgeschlossenen beiden internationalen Menschenrechtskonventionen über bürgerliche und politische Rechte und über
wirtschaftliche, soziale und kulturelle
Rechte vom 19. Dezember 1966 wiederholen zwar in ihren
Präambeln die Anerkennung der allen Menschen eigenen Würde
und ihrer gleichen und unveräußerlichen Menschenrechte als
Begründung für die in den Konventionen garantierten Rechte,
enthalten aber im Katalog der garantierten Rechte kein
spezielles Recht auf Achtung und Schutz der Menschenwürde.
Allerdings haben einzelne Artikel beider Konventionen
gerade auch den Schutz der Menschenwürde im Blick, wie z.B.
Artikel 10 der Konvention über bürgerliche und politische
Rechte, wonach jeder, dem seine Freiheit entzogen ist,
"menschlich und mit Achtung der dem Menschen innewohnenden
Würde" behandelt werden muß, oder Artikel 18 der gleichen
Konvention, der den Schutz vor willkürlichen oder rechtswidrigen Eingriffen in das Privatleben und den privaten
Schriftverkehr und vor rechtswidrigen Beeinträchtigungen
der Ehre und des Rufes zum Gegenstand hat, oder Artikel
13 der Konvention über wirtschaftliche, soziale und
kulturelle Rechte, der das Recht auf Bildung ausdrücklich
mit dem Ziel der vollen Entfaltung der Persönlichkeit und
des Bewußtseins ihrer Würde begründet. Der internationale
Menschenrechtsschutz geht danach von der Vorstellung aus,

daß die Menschenwürde die konzeptionelle Basis und rechtspolitische Begründung für die Gewährleistung der in den Konventionen enthaltenen speziellen Menschenrechte darstellt,
oder anders ausgedrückt, daß die Menschenwürde ihre rechtliche
Ausformung in den speziellen Rechten des einzelnen gefunden
hat, zu deren Gewährleistung sich die Staaten in den Menschenrechtskonventionen verpflichtet haben. Diese Konzeption des
internationalen Menschenrechtsschutzes ist besonders eindrück-
lich in der K S Z E - S c h l u ß a k t e   v o n   H e l s i n k i   v o m
1.8.1975 *) bestätigt worden. In dem Teil des völkerrechtlichen
Prinzipienkatalogs der Schlußakte, der die Achtung der Menschenrechte und Grundfreiheiten zum Gegenstand hat, haben die teil-
nehmenden Staaten sich verpflichtet, das folgende Prinzip zur
Richtschnur ihres politischen Handelns zu machen: "Sie werden
die wirksame Ausübung der zivilen, politischen, wirtschaftlichen, sozialen, kulturellen sowie der anderen Rechte und Freiheiten, die sich alle aus der dem Menschen innewohnenden Würde
ergeben und für seine freie und volle Entfaltung wesentlich
sind, fördern und ermutigen." Dies ist eine klare Bestätigung
der Menschenwürde als Basis der Menschenrechte, die in dieser
Formulierung die einstimmige Billigung aller europäischen
Staaten, einschließlich des ofteuropäischen Blocks der
sozialistischen Staaten, sowie der Vereinigten Staaten gefunden hat. Wie bereits erwähnt, enthalten die internationalen
Konventionen - anders als unser Verfassungsrecht - in der Regel keine Bestimmung, der die Staaten speziell zum Schutz der
Menschenwürde in allen ihren Ausstrahlungen verpflichtet; eine

---

*) Text siehe Bulletin des Presse- und Informationsamts
   der Bundesregierung 1975, No.102, S. 968 ff. An der Kon-
   ferenz nahmen folgende Staaten teil: Belgien, Bulgarien,
   Dänemark, Deutsche Demokratische Republik, Bundesrepublik
   Deutschland, Finnland, Frankreich, Griechenland, Groß-
   britannien, Heiliger Stuhl, Irland, Island, Italien,
   Jugoslawien, Kanada, Liechtenstein, Luxemburg, Malta,
   Monaco, Niederlande, Norwegen, Österreich, Polen, Portugal,
   Rumänien, San Marino, Schweden, Schweiz, Sowjetunion, Spanien,
   Tschechoslowakei, Türkei, Ungarn, Vereinigte Staaten, Zypern.

Ausnahme bildet die Afrikanische Charta der Menschenrechte,
die in ihrem Artikel 5 ausdrücklich den Anspruch jedes
Menschen auf Achtung seiner Menschenwürde und Anerkennung
seiner Rechtspersönlichkeit statuiert. Diese Zurückhal-
tung der Staaten bei der Übernahme internationaler Verpflichtungen ist verständlich; Generalklauseln, deren Trag-
weite ungewiß ist, sind in internationalen Verträgen nicht
beliebt, spezifische und eindeutige Verpflichtungen werden vorgezogen. Dies mindert jedoch die rechtliche Qualität der Menschenwürde als übergeordnete und umfassende
Rechtsposition des einzelnen in keiner Weise. Wenn auch,
anders als in unserem Verfassungsrecht, aus dem Gesichtspunkt des Schutzes der Menschenwürde für sich allein noch
keine internationalen Ansprüche abgeleitet werden können,
sondern immer auf die in den Konventionen enthaltenen
speziellen Gewährleistungen Bezug genommen werden muß, so
sind diese doch auf jeden Fall im Sinne eines größtmög-
lichen Schutzes der Menschenwürde auszulegen. Die in den
Konventionen enthaltenen menschenrechtlichen Verpflichtungen sind in der Regel genügend weit gefaßt, um neu-
artige Verletzungen der Menschenwürde zu erfassen. Wo
dies nicht möglich ist, sollte eine entsprechende Ergän-
zung der Konvention angestrebt werden, wie dies durch die
bereits erwähnten Spezialkonventionen geschehen ist.


IV.


Die internationalen Verpflichtungen der Staaten aus
den Menschenrechtskonventionen und die Grundrechte der
nationalen Verfassungen ergänzen einander. Die internationalen Konventionen geben dem einzelnen in der Regel keine individuelle Klagemöglichkeit gegen eine Verletzung der ihm zu gewährenden Rechte, sondern verpflichten lediglich die Staaten, in ihrer nationalen Rechtsordnung dem einzelnen die in der Konvention vorgeschrie-

benen Rechte zu gewährleisten, wobei Art und Weise der Gewährleistung jedem einzelnen Staat überlassen bleibt. Die
im Grundgesetz der Bundesrepublik Deutschland garantierten
Grundrechte des einzelnen entsprechen inhaltlich den internationalen Konventionen geforderten menschenrechtlichen
Garantien oder gehen in ihrem Schutzumfang noch darüber
hinaus; ihre Einklagbarkeit vor dem Bundesverfassungsgericht
eröffnet dem einzelnen den weitestgehenden verfahrensrecht-
lichen Schutz seiner Rechte. Die Bundesrepublik hat damit
im vollen Umfange ihre sich aus den internationalen Konventionen ergebenden Verpflichtungen erfüllt.

Die Überprüfung der Einhaltung der sich
aus den universellen internationalen Konventionen ergebenden Verpflichtungen liegt
prinzipiell bei den vertragsschließenden Staaten oder speziell
dafür eingesetzten Kommissionen, denen die Vertragsstaaten
periodisch oder auf besondere Aufforderung hin Bericht über
ihre innerstaatlichen Maßnahmen zur Erfüllung der sich aus
den Konventionen ergebenden Verpflichtungen zu erstatten
haben:
Die Internationale Konvention über wirtschaftliche, soziale und kulturelle Rechte
sieht lediglich eine periodische Berichtspflicht der Vertragsstaaten an die zuständigen Organe der Vereinten Nationen über
den Fortgang ihrer Maßnahmen zur Erfüllung der sich aus der
Konvention ergebenden Verpflichtungen vor; Sanktionen gegen
säumige Vertragsstaaten sind nicht vorgesehen.

Die Internationale Konvention über bürgerliche und politische Rechte sieht als Überwachungs-
organ einen unabhängigen Ausschuß ("Human Rights Committee")
von 18 von der Versammlung der Vertragsstaaten berufenen Persönlichkeiten vor, dem die Vertragsstaaten periodisch oder
auf besondere Aufforderung hin Bericht zu erstatten haben.

Darüber hinaus ist ein förmliches Beschwerdeverfahren vor
dem Ausschuß vorgesehen, in dem konkrete Menschenrechtsver-
letzungen eines Vertragsstaates von einem anderen Vertrags-
staat oder auch von dem verletzten einzelnen vor den Ausschuß gebracht werden können. Derartige förmliche Beschwer-
den wegen einer Konventionsverletzung dürfen jedoch vom Ausschuß nur dann behandelt werden, wenn der beklagte Staat
sich der Kompetenz des Ausschusses für ein solches Verfahren durch Abgabe einer zusätzlichen Erklärung, die fakulta-
tiv ist, unterworfen hat. Von den fast 90 Vertragsstaaten
haben sich bisher nur 21 dem Staatenbeschwerdeverfahren und
39 dem Individualbeschwerdeverfahren unterworfen, wobei das
Staatenbeschwerdeverfahren zusätzlich voraussetzt, daß sich
nicht nur der beklagte, sondern auch der beschwerdeführen-
de Staat diesem Verfahren unterworfen hat, also Gegenseitig-
keit gewährleistet ist.*) Die Ostblockstaaten lehnen aus
prinzipiellen Gründen die Unterwerfung unter ein solches
förmliches Beschwerdeverfahren vor dem Ausschuß ab, weil
sie Art und Weise der Gewährleistung der Menschenrechte in
ihrem Rechtssystem als ihre innere Angelegenheit betrachten.
Und selbst wenn der Menschenrechtsausschuß im Rahmen seiner
begrenzten Kompetenz, sei es bei der Prüfung der Länderbe-
richte oder in einem förmlichen Beschwerdeverfahren, eine
konkrete Verletzung der in der Konvention garantierten Menschenrechte feststellen sollte, so würde eine solche Feststellung außer der darin liegenden öffentlichen Rüge keine
weiteren Sanktionen nach sich ziehen.**) Die geringe Effektivität dieses Systems ist offensichtlich. Immerhin ergibt
sich jedoch schon allein aus der Unterschrift unter die

---

*)   Von dem Staatenbeschwerdeverfahren ist bisher fast
     kein Gebrauch gemacht worden.

**)  Bisher sind etwa 60 Individualbeschwerden behandelt
     worden. Eine Nachkontrolle, ob festgestellte Menschen-
     rechtsverletzungen abgestellt worden sind, hat bisher
     nicht stattgefunden.

Konventionen ein Zwang für jeden Staat, will er nicht von vornherein vertragsbrüchig erscheinen, die von den Konventionen geforderten Rechte des einzelnen in seine nationale Verfassung oder
Gesetzgebung aufzunehmen, mag auch ihre Durchsetzung nicht immer
im vollen Umfange gewährleistet sein.

Die Europäische Menschenrechtskonvention er-
öffnet demgegenüber erweiterte verfahrensmäßige Möglichkeiten zur
Durchsetzung der Konventionspflichten. Erstens ist jeder Vertrags-
staat berechtigt, eine konkrete Menschenrechtsverletzung eines
anderen Konventionsstaates zu rügen, ohne daß es einer speziellen
Unterwerfung unter dieses Verfahren bedürfte. Im Interesse der
Erhaltung gutnachbarlicher Beziehungen ist allerdings von dieser
Staatenbeschwerde bisher nur geringer Gebrauch gemacht worden, es
sei denn daß eigene Staatsangehörige des beschwerdeführenden
Staates betroffen waren. Als ein besonders effektives Element der
Kontrolle hat sich dagegen die sogenannte Individualbeschwerde erwiesen, die es dem einzelnen gestattet, in einem formellen Verfahren, auch gegen den eigenen Staat, eine Verletzung der in der
Konvention gewährleisteten Menschenrechte zu rügen, sofern der beklagte Staat sich einem derartigen Verfahren unterworfen hat, was
mittlerweile fast alle Mitgliedstaaten der Europäischen Menschenrechtskonvention getan haben.*) Diese übereinstimmende Haltung
der westeuropäischen Staaten ist durch ihre gemeinsamen freiheit-
lich-demokratischen Wertvorstellungen sicherlich erleichtert worden. Die Konvention sieht bei Feststellung einer Menschenrechtsverletzung durch die zuständigen Organe der Konvention (Minister-
rat, Kommission oder Gerichtshof) eine Verpflichtung des schuldi-
gen Staates zur Aufhebung der beanstandeten staatlichen Maßnahme
oder, wo dies nicht mehr möglich ist, eine Entschädigung des

*) Mit Ausnahme von Malta und Zypern haben alle Konventions-
Staaten sich dem Individualbeschwerdeverfahren unterworfen,
wenn auch teilweise mit erheblichen Vorbehalten und fast ausnahmslos mit einer Befristung auf die Dauer von 3 bis höchstens
5 Jahre. Die Unterwerfung wird allerdings nach Ablauf der
Frist regelmäßig erneuert.

Verletzten vor. *) **)

Man würde der Bedeutung der universellen und regionalen
Menschenrechtskonventionen nicht gerecht werden, wenn

---

*) Die Amerikanische Menschenrechtskonvention sieht ebenso
   wie die Europäische Menschenrechtskonvention sowohl ein
   Individualbeschwerdeverfahren als auch ein Staatenbeschwerdeverfahren vor einer unabhängigen Kommission
   (Inter-American Commission for Human Rights) vor. Die
   Individualbeschwerde gegen einen Staat, der die Konvention ratifiziert hat, ist generell zulässig, ohne daß
   es hierzu noch einer zusätzlichen Unterwerfungserklärung des beklagten Staates bedarf. Für das Staatenbeschwerdeverfahren ist dagegen zusätzlich zur Ratifika-
   tion der Konvention noch eine besondere Unterwerfungserklärung erforderlich, die sowohl der    klagende wie
   der beklagte Staat abgegeben haben müssen, um die
   Kommission zuständig zu machen. Dem Staatenbeschwerdeverfahren haben sich bisher nur 8 der Konventions-
   staaten unterworfen (Argentinien, Columbien, Costa Rica,
   Ecuador, Honduras, Peru, Uruguay und Venezuela). Das
   Verfahren kann zu einer Verurteilung des beklagten
   Staates durch den Inter-Amerikanischen Gerichtshof
   für Menschenrechte führen, sofern der beklagte Staat
   die Zuständigkeit des Gerichtshofs durch eine besondere
   Unterwerfungserklärung anerkannt hat, die bisher ebenfalls nur von den 8 genannten Staaten abgegeben worden
   ist.

**) Die Afrikanische Charta für Menschenrechte sieht kein
    der Europäischen oder Amerikanischen Menschenrechts-
    konvention vergleichbares förmliches Beschwerdever-
    fahren vor. Staaten- und Individualbeschwerden können
    bei der "Afrikanischen Kommission für Menschenrechte
    und Rechte der Völker" vorgebracht werden. Falls bei
    Prüfung einer Staatenbeschwerde keine gütliche Eini-
    gung erreichbar ist oder die Prüfung von Individual-
    beschwerden Menschenrechtsverletzungen größeren Um-
    fangs erkennen läßt, legt die Kommission die Angele-
    genheiten mit ihrem Bericht der Versammlung der
    Staats- und Regierungschefs der Organisation für
    Afrikanische Einheit zur weiteren Behandlung und
    Entscheidung vor.

man ihren Wert lediglich an der Effektivität ihrer verfahrens-
rechtlichen Garantien und insbesondere nur daran messen würde,
inwieweit sie dem einzelnen ein unmittelbares und selbständi-
ges völkerrechtliches Beschwerderecht mit der Chance einer
praktischen Durchsetzung seiner Rechte einräumen. Die Bedeutung der Universellen Deklaration der Menschenrechte von 1948
und der internationalen Menschenrechtskonventionen liegt zu
allererst in der "Internationalisierung" der Menschenrechte,
deren Schutz bis dahin eine ausschließlich innerstaatliche Angelegenheit des nationalen Verfassungsrechts war. Bis zum Ende
des zweiten Weltkriegs galt das Verhältnis des einzelnen zu
seinem Staat als eine innere Angelegenheit jedes Staates, in
das einzugreifen anderen Staaten prinzipiell nicht gestattet
war, von den Sonderfällen des Minderheitenschutzes nach dem
ersten Weltkrieg und den seltenen Fällen einer Intervention
aus humanitären Gründen abgesehen. Mit dem internationalen
Menschenrechtsschutz ist die Beachtung der Menschenrechte eine
Angelegenheit geworden, für die die nunmehr die Staatengemein-
schaft die Mitverantwortung trägt, weil die Beachtung der Menschenrechte aufgrund der Erfahrungen aus der vorangegangenen
Zeit als eine wesentliche Voraussetzung für die Bewahrung des
Friedens zwischen den Völkern erkannt worden ist. Wenn heute
ein Staat oder seine Brüger dafür eintreten, daß in einem anderen Staat die Menschenrechte beachtet werden, so kann dies, wenn
Grund dafür gegeben ist, im Gegensatz zu früher nicht mehr als
eine unzulässige Einmischung in die inneren Angelegenheiten dieses anderen Staates angesehen werden. Es ist auch nicht mehr
von vornherein völkerrechtlich unzulässig, die Mitgliedschaft
in einer internationalen Organisation, den Abschluß von Verträgen, oder die Gewährung finanzieller oder technischer Hilfe
von der Menschenrechtssituation in dem betreffenden Staat abhängig zu machen. Kein Staat kann Mangel an Zuständigkeit ein-
wenden, wenn im Forum der Vereinten Nationen oder in den zuständigen Gremien der Menschenrechtskonventionen menschenrechtswidri-
ge Zustände zur Debatte gestellt werden.

Diese Rechtslage ermöglicht und rechtfertigt die andauernde

Diskussion zwischen Ost und West auf den KSZE-Folgekonferen-
zen über die Verbesserung der menschenrechtlichen Situation
in den Staaten des Ostblocks und die Entwicklung der menschlichen Kontakte zwischen den Staaten unterschiedlicher Ge-
sellschaftssysteme.


## V.

Wenden wir uns zum Schluß speziell den Konsequenzen der
u n i v e r s e l l e n   A n e r k e n n u n g   d e r   V e r p f l i c h -
t u n g   z u r   A c h t u n g   u n d   z u m   S c h u t z   d e r
M e n s c h e n w ü r d e  zu. Wir haben festgestellt, daß die
Menschenwürde eine universell anerkannte Rechtsposition
des einzelnen Menschen darstellt, die die rechtliche und
ideologische Basis für die zahlreichen in den internationalen Menschenrechtskonventionen garantierten Rechte des
einzelnen darstellt und für die Auslegung dieser Rechte
maßgebend ist. Es war ein wichtiger Schritt in der Ent-
wicklungsgeschichte der Menschenrechte, daß dieser Bezugspunkt der Menschenrechte von Staaten aller Regionen der
Welt und unterschiedlicher Ideologien mit ihrer Unterschrift unter die Menschenrechtskonventionen akzeptiert
worden ist,  auch von den sozialistischen Staaten und
den Entwicklungsländern. Man darf daraus schließen, daß
der Schutz der Persönlichkeit und Selbstbestimmung des
einzelnen heute von Staaten jeder Provenienz als eine Aufgabe angesehen wird, die jeder Staat im Rahmen seiner
nationalen Rechtsordnung zu erfüllen verpflichtet ist.
Das bedeutet jedoch noch nicht, daß damit der Schutz der
Menschenwürde im Sinne der freiheitlich Auffassung unserer Verfassung oder in der Richtung einer bestimmten
Wirtschaftsordnung interpretiert werden müßte. Der Begriff
der Menschenwürde und das Maß an innerer und äußerer
Freiheit und Selbstbestimmung, das sie ausmacht, ist
nicht abstrakt zu bestimmen, sondern richtet sich nach
dem zugrundeliegenden Menschenbild, dessen Verwirklichung

nach den jeweils herrschenden gesellschaftlichen Auffassungen
angestrebt wird. Dies hat es den sozialistischen Staaten und
den Entwicklungsländern ermöglicht,die Menschenrechtskonventionen zu akzeptieren, obwohl ihr Menschenbild weniger von der
individuellen Freiheit des einzelnen als von seinen kollektiven
Bindungen, seinem wirtschaftlichen Status und der Freiheit von
Hunger und Armut geprägt ist. Auf jeden Fall aber sichert das
Postulat der Menschenwürde den individualistischen Kernbestand
der in den Menschenrechtskonventionen garantierten Freiheitsrechte und ist eher auf ihre Erweiterung als auf ihre Einschränkung angelegt. Eine "Kollektivierung" des einzelnen würde mit
dieser Konzeption in offenem Widerspruch stehen.

Der Test für die Bewährung des Rechts auf Achtung und Schutz
der Menschenwürde liegt in der Auslegung und Anwendung der zahlreichen Vorbehaltsklauseln, die es der Staatsgewalt gestatten,
die in den Menschenrechtskonventionen oder in den nationalen
Verfassungen garantierten Freiheits- und sonstigen Grundrechte
des einzelnen generell oder im konkreten Einzelfalle aus Gründen des Allgemeininteresses oder der staatlichen Sicherheit zu
beschränken oder unbeachtet zu lassen. Hier ist das Recht auf
Achtung der Menschenwürde geeignet, staatlichen Eingriffen in
die Persönlichkeitssphäre eine unübersehbare und absolute
Schranke zu setzen und die Staatsgewalt zu zwingen, das Allge-
meininteresse mit Mitteln zu verfolgen, die die Würde der Persönlichkeit des einzelnen unangetastet lassen. Eine effektivere
internationale Kontrolle der Beachtung der in den Konventionen
garantierten Menschenrechte wäre hier eine wünschenswerte Ergän-
zung in den Fällen, wo die nationalen Verfassungen keine aus-
reichenden Kontrollen vorsehen.

Das Grundrecht der Menschenwürde und sein Schutz im
Strafvollzug - Überlegungen zum Inhalt der Menschenwürde -

============================================================

von Gustav Adolf Altenhain

Gustav Adolf Altenhain, geboren 1927,
Dr. jur., studierte Rechtswissenschaften
in Bonn und Köln, Promotion 1952,
1954 Assessor bei der Staatsanwaltschaft.
Seit 1956 im Justizministerium des Landes
Nordrhein-Westfalen, 1970 Leiter der Straf-
vollzugsabteilung, Ministerialdirigent.
Seit Ende 1987 im Ruhestand.

Goethe meint im westöstlichen Diwan:

"Höchstes Glück der Erdenkinder sei nur die Persönlichkeit".

Wenn Goethe Recht hat, dann sollte es auch Aufgabe unseres
Rechtssystems sein, für das höchste Glück der Erdenkinder
- also ihre Persönlichkeit - zu sorgen. Zum Wesen der
Persönlichkeit gehört ihre Würde. Mit einer feierlichen,

ja pathetischen Garantieerklärung für die Würde des Menschen beginnt unsere Verfassung. Es scheint also, als ob unser Recht Goethes Anspruch gerecht wird.

Doch die Rechtswirklichkeit läßt Zweifel aufkommen. Wo immer Menschen heutzutage Ansprüche anmelden, haben sie sehr schnell den Begriff der Menschenwürde zur Hand, ob Schüler gegen den Schulstreß, Studenten gegen Leistungskontrollen, Gewerkschaften für kürzere Arbeitszeiten, Frauen für die Emanzipation eintreten, immer muß die Menschenwürde herhalten. Besonders verwirrend ist, daß die Verletzung der Menschenwürde am lautesten von denen öffentlich angeprangert wird, die sich um die Menschenwürde der anderen nicht nur nicht kümmern, sondern vielmehr vital verletzen (Isolationsfolter, Berufsverbot). Es gibt offensichtlich keinen Konsens über den Inhalt der Menschenwürde.

Es besteht Anlaß, sich mit Anspruch und Wirklichkeit dieses Grundrechts zu befassen.


                    I.


Das Bekenntnis und vor allem der Pathos des Artikel 1 GG sind zunächst eine Reaktion auf existentiell erfahrene Verletzungen, auf die Akte der Barbarei, der Menschenverachtung, ja - der Vergewaltigung der Menschenrechte in den unmittelbar zurückliegenden Jahren der NS-Gewaltherrschaft.

"Du bist nichts. Dein Volk ist alles". So lautete die Ideologie des damaligen Regimes. Unser Staatsverständnis geht vom Vorrang des Menschen aus. Die Garantie der Menschenwürde bedeutet, daß der Staat um der Menschen willen da ist, und zwar aller in ihm lebenden willen, und nicht umgekehrt.

Die Festschreibung des Vorrangs des Menschen vor dem Staat im Grundgesetz ist jedoch nicht nur eine Reaktion auf die Vergangenheit; sie knüpft auch an abendländische Überlieferungen

an (französische Erklärung der Menschen- und Bürgerrechte
1789, Virginia Bill of Reights 1776). Dieser historische
Bezug darf indessen nicht zu dem Optimismus verleiten, es
gebe so etwas wie ein tradiertes Verständnis der Idee der
Menschenwürde.

Entwicklungsgeschichtlich ist das Verständnis der Menschenwürde am engsten mit dem christlichen Menschenbild verknüpft.
Nach der christlichen Lehre ist Grundlage für die besondere
Würde jedes Menschen, daß der Mensch als Ebenbild Gottes geschaffen ist. Daraus erwächst ihm ein unverfügbarer Eigenwert. Der Mensch darf nicht zum bloßen Objekt oder Instrument gemacht werden. Zur Würde gehört Selbstbestimmung
- allerdings nicht eine absolute, individualistische Selbstbestimmung. Weil alle Menschen gleichermaßen Ebenbild Gottes
sind, bedeutet Menschenwürde nicht einfach Selbstbestimmung
des Menschen, sondern Selbstbestimmung auf der Grundlage
des Eigenwertes jedes Menschen, also auch des anderen Menschen.

Die Würde des Menschen im Sinne des Grundgesetzes läßt sich
natürlich nicht unmittelbar aus der christlichen Lehre herleiten und das Christentum ist auch nicht der alleinige Grund
für die Ausbildung der Garantie der Menschenwürde. Zu sprechen wäre auch von dem Einfluß der antiken und der politischen
Philosophie (Pufendorf, Kant, Hegel, Schopenhauer, Marx) auf
den Begriff der Menschenwürde. Doch die unterschiedlichen
Meinungen der Philosophen ändern nichts an der Feststellung,
daß die christlichen Vorstellungen vom Menschen über die
Vermittlung der Säkularisation weiter wirken. Es mag deshalb
auch dahinstehen, ob dem heutigen Menschen der Rückgriff auf
den christlichen Glauben als Begründung der Menschenwürde
überhaupt plausibel zu machen ist. Einzuräumen ist auch das
Dilemma, daß das Grundgesetz für alle - gleich welcher
Religion - gilt, die Genesis des Grundrechts der Menschenwürde aber eindeutig einen christlichen Bezug hat.

Würde wird dem Menschen nicht von einer irdischen Instanz ver-
liehen. Der Mensch ist mehr, als er von sich weiß (Jaspers).

Er kann mit den Mitteln der rationalen Wissenschaft nicht voll erfaßt werden, er ist metaphysisch offen. Seine Würde hat eine metaphysische Wurzel. Darin liegt der Schlüssel für das Verständnis dieses Grundrechts.

## II.

Grundrechte sind seit langem fester Verfassungsbesitz in den freiheitlichen Demokratien. Grundrechte gab es auch in der Weimarer Verfassung, sie wurden aber als Schöpfungen des Verfassungsgebers - der Nationalversammlung - verstanden. Das fundamental Neue im Verständnis der Grundrechte, die das GG enthält, liegt darin, daß sie nicht als vom Staat verliehene, sondern als vorstaatliche Rechte, als ursprüngliche, unveräußerliche, nicht entziehbare Menschenrechte anerkannt werden. "Die Würde des Menschen ist unantastbar", sie liegt also aller staatlichen Rechtsschöpfung voraus.

Das Bekenntnis zur Menschenwürde im GG enthält daher auch nicht eine bloße ethische Deklaration, ein politisches Programm; es ist nicht lediglich Ausdruck der Besinnung auf eine Grundfeste der Zivilisation nach dem Erlebnis der NS-Diktatur - quasi der Stoff für Festreden. Natürlich ist die Menschenwürde zunächst ein sittlicher Wert, aber durch ihre Ausgestaltung als Grundrecht in der Verfassung ist sie unmittelbar geltendes Recht. Das GG sieht die freie Persönlichkeit und ihre Würde als höchsten Rechtswert, als tragendes Prinzip unserer Verfassung an, das alle anderen Bestimmungen durchdringt *) und das auch für den Verfassungssouverän nicht zur Disposition steht. Eine Änderung der Grundsätze in Artikel 1 GG ist nach Artikel 79 GG schlechthin unzulässig. Auch für die Zukunft

---

*) BVerfGE (Entscheidungen des Bundesverfassungsgerichts) Bd. 12, S. 45, 51; 33 S. 29

soll jedes Regierungssystem abgewehrt werden, das dem einzelnen Menschen den Respekt seiner Würde verweigert und ihn in einem Zwangssystem aufgehen läßt. *)

Kein Wunder, daß der Artikel 1 GG jedem Interpreten ein ehrfürchtiges Staunen entlockt und über die Menschenwürde viel Erhabenes mit einer Feierlichkeit geäußert worden ist, in welche die deutsche Zunge gerne verfällt, wenn es um höchste Werte geht. Doch der oftmals philosophisch aufgeladene Nebel lichtet sich schnell, wenn die Kasuistik der Vorschrift entfaltet wird.

Bei der praktischen Anwendung des höchsten Rechtswertes "Menschenwürde" geht es nämlich ganz profan darum, welchen normativen Gehalt die Menschenwürdegarantie konkret im Einzelfall hat. Diese Frage stellt sich im gesamten Spektrum unseres Rechtslebens von
A - wie Asylrecht bis
Z - wie Züchtung von Menschen, womit die Möglichkeiten der modernen Gentechnologie gemeint sind.

Die Gefahr liegt daher nahe, daß das Argument der Menschenwürde nicht nur inflationär verwendet, sondern gelegentlich auch mißbraucht wird. Die Menschenwürde wird in Anspruch genommen vom Rechtsanwalt, der seine Robe nicht mehr anlegen will, vom Bürger, dem eine peep-show mißfällt, vom Strafgefangenen, der nicht möchte, daß seine Zellentür geöffnet wird, ohne daß vorher angeklopft wird.

Der hohe Rechtswert Menschenwürde darf nicht als kleine Münze abgenutzt werden; aber die Funktion des Grundrechts würde auch verfehlt, wenn seine Anwendung zu stark eingeengt wird. Es wäre nicht richtig, Menschenwürde im Rechtsleben stets und immer nur im höchsten Sinne zu verstehen.

---

*) BVerfGE 5 S. 201 ff, 204 f

Das richtige Maß bei der Rechtsanwendung zu finden, damit der
Rang der Menschenwürde weder verspielt noch verkürzt wird,
ist nicht einfach. Eine Orientierung sehe ich in der Entscheidung des GG, wonach die Garantie der Menschenwürde eine Funda-
mentalnorm ist, die jeglicher Änderung entzogen ist. Eine derart dramatische Beschränkung der verfassungsändernden Gewalt
- unseres Souveräns - ist von einer solchen politischen Bedeutung, daß sie sich nur auf Unbezweifelbares, auf Evidentes,
auf die "eiserne Ration" unserer Verfassung beziehen kann.

Bei der menschlichen Würde im Sinne des Artikel 1 GG geht es
nicht um den Schutz von übertriebenen Empfindlichkeiten oder
Stilfragen; nicht jede Ungeschicklichkeit und Unzweckmäßig-
keit staatlichen Handelns sollte als Verletzung der Menschenwürde angesehen werden. Ich sehe auch - im Gegensatz zum Bun-
desverwaltungsgericht *) - das Grundrecht der Menschenwürde
bei einer peep-show nicht tangiert. Wenn sich jemand - z.B.
als Beteiligter einer solchen Show - würdelos verhält, so
verpflichtet das nicht zu hoheitlichen Eingriffen. Zur Würde
gehört auch, nicht zur Leistung von Würde gezwungen zu werden.
Es sollte auch nicht Aufgabe der Gerichte sein, im einzelnen
die "richtige" oder "würdige" Lebensgestaltung vorzuschreiben.


                              III.


All dies läßt indessen offen, unter welchen Voraussetzungen
die Menschenwürde konkret verletzt sein kann.

Die Menschenwürde ist kein absoluter Rechtsbegriff etwa in
dem Sinne, daß sie stets unter den gleichen Voraussetzungen
- d.h. in der gleichen Situation - verletzt ist. Die Frage
stellt sich vielmehr immer nur in Ansehung eines konkreten
Falles. **) Ein und dieselbe Maßnahme kann in bezug auf

---

*) BVerwG NJW 1982, 664

**) BVerfGE 30 S. 1, 25

die Menschenwürde ganz unterschiedlich beurteilt werden,
je nachdem ob sie einen Mann oder eine Frau, einen jungen
oder einen alten Menschen betrifft. Hinzu kommt, daß der
Begriff dem Wandel der Zeit unterliegt. Ich habe es z.B.
im Wintersemester 1946/47 als Glücksfall empfunden, in
einem fensterlosen Bunker eine Bleibe zu haben. Heute
würde ein Student die Menschenwürde zitieren. Ohne Zweifel beeinflußt auch die Aufwärtsentwicklung menschlicher
Ansprüche und Bedürfnisse das sprachliche und inhaltliche
Verständnis von menschlicher Würde.

Vor allem aber hängt die Auslegung des Rechtsbegriffs Menschenwürde vom Menschenbild unserer Verfassung ab. Geht sie
von dem Bild eines isolierten souveränen Individuums oder
von einem sozialen Wesen aus? Das GG hat die Spannung
Individuum - Gemeinschaft eindeutig im Sinne der Gemein-
schaftsgebundenheit der Person entschieden, ohne dabei den
Eigenwert des einzelnen anzutasten.*) Diese Entscheidung
hat Konsequenzen; jeder einzelne muß sich diejenigen Schranken
seiner Handlungsfreiheit gefallen lassen, die der Gesetzgeber zur Pflege und Förderung des sozialen Zusammenlebens
zieht.**) Verkürzt gesagt - die Menschenwürde ist kein
Deckmantel für einen schrankenlosen Individualismus.

Eine abstrakte Definition der Menschenwürde dürfte nach
alledem kaum möglich sein. Allgemeine Formeln können allenfalls die Richtung andeuten, in der Fälle der Verletzung
der Menschenwürde gefunden werden können.

Einfacher ist der Weg der negativen Definition, d.h. nicht
zu definieren, was die Würde ganz allgemein ausmacht, sondern wann sie im konkreten Fall verletzt sein kann. Das

---

*) BVerfGE 4 S. 7, 15 ff; 12 S. 51; 30 S. 193
**) BVerfGE 30 S. 1, 20

entspricht zwar nicht deutscher Gründlichkeit, spiegelt aber
unsere Wirklichkeit. Auch in unserem normalen Sprachgebrauch
- in der Umgangssprache wie in der Wissenschaftssprache -
wird der Ausdruck Würde kaum mehr benutzt. Erfahrungen von
Würde werden immer seltener. Im Grunde wird inhaltlich über
Würde meist nur noch negativ im Zusammenhang mit Verletzungen
gesprochen. Im Vordergrund stehen die Fälle der

- Diffamierung
- Diskriminierung
- Erniedrigung
- Verfolgung
- Entrechtung
- Folter und grausamen Bestrafung.

Am ehesten gefährdet erscheinen danach Angehörige rassischer
oder religiöser Minderheiten oder sonst am Rande der Gesellschaft Lebende. Würde kommt allen Menschen zu - unabhängig von
Rasse, Nationalität und Herkunft.*) Es kommt nicht darauf an,
daß sich der einzelne seiner Würde bewußt ist oder daß er sie
selbst zu wahren weiß. **) Auch der geistig Kranke und der
nasciturus haben menschliche Würde. Selbstverständlich haben
auch diejenigen Menschenwürde, die die Würde eines anderen verletzt haben: die Straftäter.

Für den, der beruflich mit dem Strafvollzug befaßt ist, liegt
es nahe, von der Würde des inhaftierten Menschen zu sprechen,
zumal in Strafanstalten, in denen Menschen zwangsweise zusammen-
gedrängt werden, von denen viele es nicht gelernt haben, auf
Empfindlichkeiten und Eigenarten gegenseitig Rücksicht zu nehmen, die Gefahr von Verletzungen ungleich größer ist als anders-
wo. Alle nur denkbaren Verletzungstatbestände im Strafvollzug
zu behandeln, ist nicht möglich. Ich beschränke mich darauf,
die Menschenwürde der Gefangenen unter einigen grundsätzlichen

---

*) BVerfGE 30, 194

**) BVerfGE 39 S. 41

Aspekten zu erörtern, und zwar anhand konkreter Tatbestände:

1. Der Aspekt der selbstverantwortlichen und freien Existenz

Zur Würde gehört, daß der Mensch über sich selbst verfügen
und sein Schicksal eigenverantwortlich gestalten kann. Im
Strafvollzug geht es um Menschen, die nicht in Freiheit sind.
Von seinem Wesen her ist der Mensch aber auf Freiheit angelegt. Unfreiheit ist ein unnatürlicher Vorgang. Beschränkt
der Entzug der Freiheit die Würde? Der Strafvollzug beschränkt die Bewegungsfreiheit, aber er läßt die Würde auch
des gemeinsten Verbrechers unberührt. Menschliche Würde ist
unverlierbar. Berechtigt ist allerdings die Frage, ob ein
menschenwürdiges Leben in lebenslanger Unfreiheit möglich
ist. Die lebenslange Freiheitsstrafe gehört seit altersher
zum Kernbestand strafrechtlicher Sanktionen. Es überrascht
daher nicht, daß ihre verfassungsrechtliche Zulässigkeit bis
in die jüngste Zeit nicht in Zweifel stand. Das Bundesverfassungsgericht ist erst vor wenigen Jahren damit befaßt
worden. *) Es hat - nach Anhörung zahlreicher Sachverständi-
ger aus den verschiedensten Disziplinen - zwei Leitsätze aufgestellt:

Erstens kann nach dem gegenwärtigen Stand der Erkenntnisse
nicht festgestellt werden, daß der Vollzug einer lebenslangen Freiheitsstrafe zwangsläufig zu irreparablen Schäden psychischer oder physischer Art führt, welche die Würde
des Menschen verletzen.

Zweitens: zu den Voraussetzungen eines menschenwürdigen
Strafvollzugs gehört, daß auch dem zu lebenslanger Freiheitsstrafe Verurteilten grundsätzlich eine Chance bleibt,
wieder der Freiheit teilhaftig zu werden; denn der Kern
der Menschenwürde werde getroffen, wenn ein Verurteilter

---

*) BVerfGE 45 S. 187, 220 ff

ungeachtet seiner Entwicklung jegliche Hoffnung aufgeben müsse,
je seine Freiheit wieder zu erlangen. Die bloße Möglichkeit
einer Begnadigung reiche nicht aus; erforderlich sei eine gesetzliche Regelung der Voraussetzungen unter denen die Vollstreckung einer lebenslangen Freiheitsstrafe ausgesetzt werden kann. Dieser Forderung hat der Gesetzgeber inzwischen Rechnung getragen. Danach prüft das Gericht erstmals nach 15 Jahren, ob die Vollstreckung ausgesetzt werden kann.

Nach der Auffassung des Bundesverfassungsgerichts wird die
Menschenwürde jedoch nicht verletzt, wenn auch nach 15 Jahren
Strafverbüßung wegen der Gefährlichkeit des Gefangenen der
weitere Vollzug der Strafe notwendig ist. Der staatlichen Gemeinschaft ist es nicht verwehrt, sich gegen einen gemeinge-
fährlichen Straftäter durch Freiheitsentzug zu sichern.

Der Leitsatz, daß es mit der Menschenwürde nicht vereinbar ist,
einen Gefangenen ohne Chance zu lassen, je wieder der Freiheit
teilhaftig werden zu können, hat auch Konsequenzen für die Gestaltung des Vollzuges z.B. hinsichtlich der Beurlaubung eines
"Lebenslangen". Selbstverständlich ist es legitim und geboten,
einem Gefangenen auch nach 20 oder mehr Jahren Haft, eine Beurlaubung zu versagen, wenn der Schutz der Allgemeinheit dies
erfordert. Aber ich habe Zweifel, ob nach so langer Verbüßungs-
zeit, eine Beurlaubung ausschließlich wegen der Schuld des
Täters - d.h. seiner Tat und nicht wegen einer etwa noch immer
vorhandenen Gefährlichkeit - verweigert werden kann. Das Bundesverfassungsgericht hingegen hält dies im Einzelfall für zulässig und auch mit der Menschenwürde für vereinbar.*) Bedauer-
licherweise hat die Auffassung des Bundesverfassungsgerichts
eine allgemeine politische Diskussion ausgelöst, Gesichtspunkte der Schuld und Sühne im Strafvollzug wieder zur Geltung
zu bringen.

---

*) BverfGE 64 S. 262, 270 ff

Der Strafvollzug hat es ausschließlich mit Personen zu tun, die Schuld im Sinne der Rechtsordnung auf sich geladen haben. Diese Schuld gehört zu ihrem Leben. Auch der Strafvollzug darf sie nicht verdrängen. Aber er ist nicht dazu berufen, die Schuld des Gefangenen aufzuarbeiten, auszugleichen, zu versöhnen. Ohne Zweifel ist der menschenwürdigste Weg zur Resozialisierung, die Schuld einzusehen und entsprechend dieser Einsicht das künftige Leben zu gestalten. Doch Schuld ist immer persönlich, sie zu erkennen und sich ihr zu stellen, führt in eine innere Krise, in eine Phase der Verzweiflung. Der Strafvollzug sollte sich aus diesem inneren Prozeß heraushalten und nach dem strafgerichtlichen Urteil nicht weitere Schuldzuweisungen - z.B. durch Urlaubsversagung - vornehmen. Wenn man es ernst nimmt mit der Menschenwürde, dann darf man auch einem Gefangenen mit einer lebenslangen Freiheitsstrafe nicht ausschließlich wegen seiner Schuld einen Urlaub versagen.

2. Der Aspekt der Wahrung menschlicher Identität und
   Integrität

Wie in der Freiheit, so ist es auch im Strafvollzug ein Gebot des Respekts vor der Menschenwürde des einzelnen, jenes Existenzminimum zu erhalten, das ein menschenwürdiges Dasein überhaupt erst ausmacht.*)

2.1

Für jeden, der eine geschlossene Strafanstalt von innen kennt, stellt sich in diesem Zusammenhang zu allererst die Frage der menschenwürdigen Unterbringung. Dabei geht es nicht darum, ob die Einsichtsmöglichkeit in die

---

*) BVerfGE 45 S. 187, 228 ff

Zelle durch den sogenannten Spion oder das Verbot, Vorhänge
anzubringen, die Menschenwürde verletzen, sondern um die elementare Frage, ob ein Haftraum mit mehr Gefangenen als zugelassen
belegt werden darf.

In den letzten Jahrzehnten hat es immer wieder Zeiten der Überbelegung gegeben, zuletzt in den Jahren 1980 bis 1984. Besonders
angespannt war die Situation in den 60iger Jahren vor der großen
Strafrechtsreform. Die Einzelhafträume waren in solchen Zeiten
zum Teil mit zwei oder auch mit drei Gefangenen belegt. 1967 hat
ein Gericht diese Notbelegung als einen Verstoß gegen die Menschenwürde gewertet und insbesondere beanstandet, daß die Toilet-
te in dem Haftraum nicht mit einer Schamwand ausgestattet war.*)
Diese Entscheidung, die einen generellen Vollstreckungsstopp
zur Folge hatte, ist seinerzeit als große rechtspolitische Tat
überschwenglich gelobt worden.

Die Entscheidung wie auch die staatliche Reaktion eines Voll-
streckungsstopps verdienen Anerkennung. Aber wenn das Gericht
die Verletzung der Menschenwürde vor allem in dem Umstand einer
fehlenden Schamwand sieht, dann stellt sich Unbehagen ein. Soll
das etwa heißen, daß eine derartige Überbelegung eines Einzel-
haftraums im Falle der Ausstattung mit einer Schamwand die Menschenwürde nicht tangiert? Im Ergebnis hat diese Entscheidung
jedenfalls dazu geführt, daß auch in den Jahren 1980 bis 1984
Einzelhafträume teilweise mit zwei oder gelegentlich mit drei
Gefangenen belegt - allerdings auch mit einer Schamwand ausgestattet worden sind. Dabei muß man wissen, daß ein Einzelhaft-
raum nur eine Grundfläche von 8 bis 9 m² hat, so daß jede zu-
sätzliche Belegung zu einer drangvollen Enge führt und Verletzungen der Intimsphäre auch bei einer Schamwand unvermeidbar
sind. Eine große Zahl der geschlossenen Strafanstalten stammt
zudem aus dem vorigen oder aus den ersten Jahrzehnten dieses
Jahrhunderts. Sie sind von einer Architektur der Sicherheit
bestimmt, die dem Gefangenen außerhalb seiner Zelle kaum eine
Möglichkeit geben, sich zurückzuziehen. Das innere Bild solcher

---

*) OLG Hamm NJW 67, 202

Anstalten ist in Zeiten der Überbelegung geradezu be-
drückend. Dabei kann es nur ein schwacher Trost sein, daß
die Verhältnisse von den Betroffenen ganz überwiegend
akzeptiert und die Gerichte in keinem Falle angerufen
sind, und daß § 146 StVollzG eine bloß vorübergehende
Überbelegung sogar ausdrücklich erlaubt.

Ein Patentrezept sehe auch ich nicht. Auf der einen Seite
kann man auf seine Würde nicht verzichten. Aber die Menschenwürde ist auch kein absoluter Rechtsbegriff, sondern
situationsgebunden zu interpretieren. So ist sicherlich
anzuerkennen, daß der Staat für unvorhersehbare Spitzen-
belegungen nicht aller Orten entsprechende Haftraumkapazi-
täten vorrätig halten kann. Kriminalität ist nicht be-
rechenbar; die Gefängnispopulation entwickelt sich nicht
proportional zur Bevölkerung. In Grenzen müssen
auch Notbelegungen hingenommen werden. Die Frage für die
Vollzugspraxis ist, wo diese Grenzen verlaufen. Eine
solche Grenzziehung wäre auch Sache der Rechtsprechung
gewesen.

Doch bei allem Bedauern über dieses Defizit, hoffe ich,
daß die bedrückende Problematik ein für allemal der Vergangenheit angehört und die Zukunft der Realisierung von
Alternativen zur Freiheitsstrafe gehört.

2.2.

Zum Existenzminimum gehört die Erhaltung der grundlegenden
Voraussetzungen nicht nur eine individuelle, sondern auch
für eine soziale Existenz. Denn der Mensch ist auf Gemeinschaft angelegt; es wäre mit seiner Würde nicht vereinbar, ihn total von seiner Umwelt abzusperren. Auch
unter den Bedingungen der Unfreiheit wäre die soziale
Isolierung eine psychische Folter. Ein Strafgefangener
darf daher nicht über längere Zeit durch eine Kontakt-
sperre von der Außenwelt und den Mitgefangenen isoliert

werden; es gehört zu seiner Würde, daß er auch im Gefängnis
mit anderen Kontakt aufnehmen kann.*)

Aus dem Umfeld terroristischer Gewalttäter wird immer wieder
der Vorwurf der Isolationshaft gegen den Strafvollzug in der
BRD erhoben und von den Medien leider auch verbreitet. Dieser
Vorwurf ist von Gerichten und anderen Kontrollorganen geprüft
worden; er ist unberechtigt. Es gibt keine Isolationsfolter
im deutschen Strafvollzug und unser Strafvollzug ist auch
nicht darauf gerichtet, die Überzeugungen dieser Gefangenen
zu brechen. Zu unserem Verständnis von Menschenwürde gehört
die Achtung persönlicher Identität. So wenig der Staat straf-
bare Handlungen aus einer politischen Überzeugung dulden darf,
so wenig ist er befugt, solche Überzeugungen zu brechen. Der
Strafvollzug kann allerdings nicht verhindern, daß diese Gefangenen von sich aus jeden Kontakt zu ihrer Umwelt im Gefängnis ablehnen, weil sie sich als politische Gefangene fühlen,
die wie Kriegsgefangene zu behandeln seien.

3. Der Aspekt der Gleichheit aller Menschen

Zur Wahrung der Menschenwürde gehört nicht nur das Verbot,
Menschen nach ihrer Abstammung, Rasse, Nationalität, sozialen
Herkunft in einer Weise zu differenzieren, daß den Angehörigen
dieser Gruppen eine soziale und politische Integration erschwert
wird. Aus der Menschenwürdegarantie folgt ganz allgemein das
Verbot der Gruppendiskriminierung. Dazu gehört - in Freiheit
wie in Unfreiheit - auch der Schutz von Minderheiten -
"stigmatisierten" Minderheiten. Homosexuelle oder Drogenabhän-
gige dürfen ebenso wie Ausländer nicht aus dem normalen Strafvollzug ausgegrenzt werden. Eine Minderheit steht in jüngster
Zeit in besonderem Maße im Blickfeld der Öffentlichkeit - die
mit dem HIV-Virus Infizierten.

---

*) BVerfGE 49 S. 24, 64

Die AIDS-Problematik wirft im Strafvollzug zwar nicht grundsätzlich andere Fragen auf als in der freien Gesellschaft.
Aber wo sich auf engem Raum oftmals hunderte von Personen
drängen, da stellen sich die Probleme hautnäher. Auch in
der Gefängnisgemeinschaft lautet die Botschaft Zuwendung
und nicht Ausgrenzung; vorrangiges Ziel ist und bleibt die
soziale Integration. Aber der Strafvollzug hat auch eine
Fürsorgepflicht gegenüber den nichtinfizierten Mitgefangenen
und den Bediensteten, nämlich sie vor einer Ansteckung zu
schützen. Auch in Ansehung der Verpflichtung zum Schutz der
Menschenwürde des Infizierten lassen sich seine Interessen
nicht höher bewerten als die der nicht infizierten Mitgefangenen und Bediensteten.

Der Strafvollzug befindet sich daher auf einer schwierigen
Gratwanderung. Die eigentliche Herausforderung liegt draußen
wie drinnen im Umgang mit den Infizierten. Sie leben mit
der Angst vor einer heimtückischen Krankheit, sie müssen
oft hinnehmen, daß Beziehungen zerbrechen. Von ihnen kann
ich ein verantwortvolles Handeln allenfalls dann erwarten,
wenn im Strafvollzug alles geschieht, um sie vor einer Ausgrenzung zu bewahren und wenn einschränkende Maßnahmen,
soweit sie notwendig sind, mit Diskretion und Menschlichkeit
vollzogen werden. Nur eine Gesellschaft, die sich dem einzelnen gegenüber solidarisch verhält, kann auch von dem einzelnen ein entsprechendes Verhalten erwarten.

4. Der Aspekt der körperlichen Kontingenz des Menschen

Daß mit der Würde eines Menschen Folterung, Mißhandlung und
körperliche Strafen unvereinbar sind, ist Allgemeingut.
Es gibt keinen Anlaß, dieses Thema im Zusammenhang mit dem
Strafvollzug zu problematisieren. Es darf allerdings nicht
verschwiegen werden, daß das geltende Recht eine Zwangs-
behandlung im Strafvollzug ausdrücklich zuläßt. Nach § 101
StVollzG ist eine medizinische Untersuchung und Behandlung

sowie Ernährung bei Lebensgefahr oder schwerwiegender Gefahr
für die Gesundheit eines Gefangenen zwangsweise dann zulässig,
wenn die Maßnahme nicht mit erheblicher Gefahr für Leib und
Leben des Gefangenen verbunden ist. Diese Vorschrift ist im
Zusammenhang mit den Hungerstreikaktionen der terroristischen
Gewalttäter immer wieder ins Blickfeld der Öffentlichkeit gelangt. Die Praxis in einzelnen Ländern, das Leben der inhaftierten terroristischen Gewalttäter durch eine Zwangsernährung
auch gegen ihren erklärten Willen und ihren Widerstand zu erhalten, ist dabei in Teilen der Öffentlichkeit als menschenun-
würdig gegeißelt worden.

Den Kritikern der Zwangsernährung ist zuzugeben, daß die
Fixierung des Gefangenen vor der Nahrungszufuhr ein häßliches
Bild ist. Die Anwendung unmittelbaren Zwanges in Freiheit, z.B.
bei dem Einsatz der Polizei gegen gewaltsame Demonstranten vermittelt indessen kein schöneres Bild. Ich möchte an dieser Stelle
nur auf die verfassungsrechtliche Kernfrage eingehen, ob eine
zwangsweise Ernährung gegen den Willen und den Widerstand die
Menschenwürde des Gefangenen verletzt.

Die Grundrechte - und auch das Grundrecht der Menschenwürde -
enthalten nicht nur Abwehrrechte des einzelnen gegen den Staat,
sie verkörpern zugleich eine objektive Wertordnung. Diese Wertordnung gewinnt besondere Bedeutung hinsichtlich des menschlichen Lebens, das als "vitale Basis" der Menschenwürde und als
Voraussetzung aller anderen Grundrechte einen "Höchstwert"
darstellt.*) Der einzelne hat zwar die Freiheit zur Selbsttötung. Aber es gibt kein Grundrecht, daß man über sein Leben
verfügen darf. Auch nach dem Sittengesetz darf niemand selbstherrlich über sein Leben verfügen. Nach unserem Recht steht die
Pflicht zur Hilfe daher nicht zurück hinter dem sittlich miß-
billigten Willen des Selbstmörders zu seinem Tode. Diese allge-

---

*) BVerfGE 45 S. 187, 254 ff; 49 S. 43

meinen Grundsätze unseres Rechts gewinnen besondere Bedeutung hinsichtlich der Frage der Lebenserhaltung bei solchen
Personen, die der staatlichen Obhut anvertraut sind. Der
Strafvollzug hat insoweit eine besondere Garantenstellung.
Er ist nach dem Gesetz verpflichtet, für die Gesundheit
des Gefangenen zu sorgen. Schließlich ist in diesem Zusammenhang an das Menschenbild unserer Verfassung zu erinnern,
als eines auf die Gemeinschaft bezogenen und an sie gebundenen Wesens. *)

Die Einschränkung der Freiheit zur Selbsttötung durch die
zwangsweise Ernährung eines Gefangenen verletzt nicht die
Menschenwürde.

5. Der Aspekt der Resozialisierung

Als Träger der Menschenwürde muß der verurteilte Straftäter
die Chance haben, sich nach der Verbüßung der Strafe wieder
in die Gemeinschaft einzugliedern. Ziel des Strafvollzuges
ist es daher, den Gefangenen zu befähigen, nach seiner Entlassung ein Leben ohne Straftaten in sozialer Verantwortung zu führen. Die Resozialisierung eines straffällig gewordenen Menschen entspricht dem Selbstverständnis einer Gemeinschaft, die die Menschenwürde in den Mittelpunkt ihrer
Wertordnung stellt.**) Über das Ziel besteht heute kein
Streit. Kontroversen gibt es über den richtigen, den menschenwürdigen Weg. Ich möchte die Aufmerksamkeit an dieser
Stelle auf einen Konflikt lenken, der - aus verständli-
chen Gründen - in der öffentlichen Diskussion gerne über-
gangen wird, und zwar der Konflikt zwischen der Menschenwürde und dem Schutz der Persönlichkeit auf der einen und
dem Grundrecht der Informationsfreiheit auf der anderen
Seite.

---

*)    BverfGE 4 S. 7, 15 ff; 12 S. 51; 30 S. 193

**)   BVerfGE 35 S. 202, 235

Die Massenmedien und die Kriminalität verbindet ja seit eh
und je ein ungewöhnliches Verhältnis.

Mikrofone und Kameras machen nicht mehr an den Mauern halt,
sondern werden am liebsten in die Gefängnisse hineingeschoben.
Auch die Institution Strafvollzug braucht die Öffentlichkeit.
Aber der Strafvollzug ist nicht öffentlich. Gefängnisse lassen sich nicht wie Krankenhäuser öffnen. Die Würde des Gefangenen verbietet, ihn zum Objekt*) - der Neugier, der Schau-
lust zu machen, und zwar selbst dann, wenn er selbst - aus
welchen Gründen auch immer - damit einverstanden wäre. Der
Mensch kann über seine Würde nicht selbstherrlich verfügen,
er kann sie nicht wegwerfen und er kann auch nicht auf sie
verzichten. Sie ist untrennbar mit seiner Person verbunden.

Das Interesse der Medien, Straftäter, die durch ihre Tat in
das Blickfeld der Öffentlichkeit geraten sind, quasi bis zu
ihrer Entlassung publizistisch zu begleiten, ist verständlich.
In einem engen zeitlichen Zusammenhang mit der Tat und der
Verurteilung gibt es sicherlich auch einen Vorrang des Informationsinteresses. Wer den Rechtsfrieden bricht, muß die
aktuelle Berichterstattung über Tat und Urteil dulden. Aber
die Würde des Straftäters und der Schutz seiner Persönlichkeit
lassen es nicht zu, daß sich die Medien zeitlich unbeschränkt
mit seiner Person und seiner auch im Strafvollzug zu respek-
tierenden privaten Sphäre befassen. Nach der Befriedigung
des aktuellen Informationsinteresses hat der Strafgefangene
ein Recht darauf, "allein gelassen zu werden", **) und zwar
auch ein zu lebenslanger Freiheitsstrafe verurteilter Gefan-
gener, der erst nach langer Strafverbüßung die Aussicht hat,
sich auf ein Leben in Freiheit einrichten zu müssen.

---

*)   BVerfGE  27 S. 1,6

**)  BVerfGE  35 S. 202, 233

Unter dem Aspekt der Resozialisierung möchte ich den Kreis
der Betrachtungen zum Inhalt der Menschenwürde schließen
und noch einmal auf den ersten Aspekt zurückkommen, daß
zur Würde vor allem auch gehört, über sich selbst verfügen und sein Schicksal eigenverantwortlich gestalten zu
können. Auch ein am Ziel der Reasozialisierung orientierter Strafvollzug hat sich daher jeder zwangsweisen Beein-
flussung der individuellen Identität des Gefangenen zu
enthalten. Der Vollzug kann und soll in geeigneten Fällen dem Gefangenen zwar Angebote zu seiner Behandlung
unterbreiten, er soll ihn auch zur Annahme solcher Angebote motivieren, aber der Strafvollzug darf keine gewaltsam organisierte Veranstaltung mit dem Ziel der Legalbewäh-
rung des Gefangenen sein; es widerspräche der Würde des
Gefangenen, "ihn einer Behandlung auszusetzen, die seine
Subjektqualität prinzipiell in Frage stellt". *)
Der Gefangene ist und bleibt Herr seines Schicksals.


V.


Resümee:

Eine allgemeine Formel, was Menschenwürde ist, läßt sich
auch anhand der Beispiele aus dem besonders sensiblen Bereich des Strafvollzuges nicht entwickeln. Weder Rechtswissenschaft noch philosophische Tradition vermögen generell zu sagen, was die Menschenwürde ausmacht. Unser
höchstes Rechtsgut läßt sich nur negativ - von seiner Verletzung her - definieren. Dieser Mangel sollte alle
auch im sprachlichen Umgang mit diesem Rechtsgut zur Zu-
rückhaltung veranlassen. Ein Rechtsgut, das man nicht
generell definieren und rational begründen kann, eignet
sich auch nicht als Instrument der Parteipolitik.

---

*) BVerfGE 30 S. 26

Die Mißachtung der Menschenwürde ist das Wesensmerkmal des Unrechtsstaates. Aber auch in einem Rechtsstaat sind Verletzungstatbestände, insbesondere gegenüber Angehörigen von Minderheiten zu besorgen. Den staatlichen Organen obliegt es, solche Gefährdungen rechtzeitig zu erkennen und ihnen entgegenzuwirken. Nach den Beispielen aus dem Bereich des Strafvollzuges - und das dürfte in Freiheit nicht anders sein - ist die Menschenwürde immer dann in Gefahr, wenn die Solidarität zwischen den Menschen verletzt oder zumindest angetastet ist. Aus Respekt vor dem hohen Rechtsgut Menschenwürde sollte im Konfliktfall stets eine Vermutung für den Menschen sprechen, d.h. eine "Vermutung" zugunsten der Freiheit und gegen ihre Beschränkung -

in dubio pro libertate.

Schrifttum:

Starck, Kommentar zu Art.1 des Grundgesetzes und Juristenzeitung 1981, 457

v. Münch, Kommentar zu Art. 1 des Grundgesetzes

v. Olshausen, Neue Juristische Wochenschrift 1982, 2221

Graf Vitzhum, Zeitschrift für Rechtspolitik 1987, 33

Was bedeutet "wertfreie Forschung" für den Menschen ?

Ein Versuch, Ergebnisse der naturwissenschaftlichen Grundlagenforschung nach Kriterien des menschlichen Verstehens,
nicht aber nach Maßstäben der technischen Anwendbarkeit
zu bewerten.

==============================================================

von Walter Simm

Jahrgang 1926;
1946 Abitur am Carl Duisberg-Gymnasium in
Leverkusen, 1947 bis 1953 Studium der Physik
an der Universität Bonn, Teilnahme an natur-
wissenschaftlich-philosophischen Kolloquien,
nach dem Diplomexamen von 1953 bis 1988 als
Physiker bei der Bayer AG Leverkusen im
Bereich Forschung und Entwicklung tätig,
ab 01.04.1988 im Ruhestand.

5 Veröffentlichungen aus dem Fachbereich Physik.

Wenn man sich die Aufgabe stellt, einen Gegenstand objektiv zu
beurteilen, dann wird man versuchen, möglichst unvoreingenommen zu sein, sich möglichst auf Vergleiche mit anderen, schon
bekannten Gegenständen zu beschränken, einfach Fakten zu er-
mitteln und Sachverhalte festzustellen.

Von einer in diesem Sinne als wertfrei bezeichneten Forschung
erwartet man verläßliche Ergebnisse, die ohne Einschränkung
durch Werturteile zunächst Tatsachen darstellen.

Eine Bewertung und Verwertung dieser Ergebnisse kann danach
kommen.

Es geht hier einfach um die freie Entscheidung zum Offensein
gegenüber dem, was ist.

Die Absicht, das Gegebene möglichst unvoreingenommen in Erfahrung zu bringen, wirft jedoch Probleme auf, die in der Art
unserer Erfahrungsmöglichkeit selbst liegen.

Auf diese Probleme soll im folgenden näher eingegangen werden.

Die Motive für die Arbeit eines Grundlagenforschers sind offenbar ganz anderer Art als die eines Technikers, denn die Grundlagenforschung hat sich nicht zum Ziel gesetzt, eine bestimmte Technologie zu entwickeln, sondern es geht ihr ganz besonders darum, zu erfahren, zu erkennen und zu verstehen, was
in der Natur vorgeht.

In einem interessanten Aufsatz über Kreativität in der Grundlagenforschung, veröffentlicht 1985 in der Frankfurter Allgemeinen, schreibt H.T. Witt *), Professor für biophysikalische
und physikalische Chemie an der Technischen Hochschule in

---

*) H.T. Witt: "Die Farbe des Zitronenfalters und der Umgang
   mit der Erkenntnis" Frankfurter Allgemeine Zeitung, 29.01.85

Berlin folgendes:

"Wenn Brecht in seinem Schauspiel "Galilei" sagen läßt: "Ich erkenne als einziges Ziel der Wissenschaft an, die Mühseligkeit der menschlichen Existenz zu erleichtern",

so ist dieses Motiv in den seltensten Fällen der Ursprung für den Entschluß, sich in der Forschung zu betätigen.

Der ungarische Biochemiker Szent-Györgyi, der den Nobelpreis 1937 in Chemie für die Forschung über das Vitamin C erhielt, formulierte seine Meinung so:

"Wenn jemand zu mir kommt und sagt, er möchte für die Menschheit nützlich sein und deswegen bei mir Wissenschaft betreiben, so würde ich ihm raten, besser in einem Krankenhaus zu arbeiten."

Die Stellungnahme von Albert Einstein:

"Was mich zu meiner wissenschaftlichen Arbeit motiviert, ist kein anderes als das unwiderstehliche Verlangen, die Geheimnisse der Natur zu verstehen.
Meine Liebe zur Gerechtigkeit und mein Bestreben, einen Beitrag zur Verbesserung der menschlichen Lebensbedingungen zu leisten, sind völlig unabhängig von meinen wissenschaftlichen Interessen und Idealen."

Diese Äußerungen zeigen, daß hier die Forschungsaktivität eher auf Antriebe, die im Menschen zu suchen sind, zurückzuführen ist, als auf nüchterne Planung nach praktischen oder wirtschaftlichen Gesichtspunkten.

Zu den speziellen Qualitäten des Forschers schreibt Witt:

"Hinsichtlich der Tätigkeitsstrukturen in der Forschung kann festgestellt werden, daß bei den schöpferischen

Leistungen Qualitäten entscheidend sind wie Intuition, Ge-
spür und Phantasie.

Diese Qualitäten sind, glaube ich, eine gemeinsame Quelle
für die Leistung aller schöpferisch Tätigen, ob es sich um
Künstler, Musiker, Dichter oder Wissenschaftler handelt.

Vielleicht ist diese Wesensart bei Wissenschaftlern nicht
so deutlich erkennbar, weil man meint, wissenschaftlich
Neues, besonders naturwissenschaftlich Neues, entstehe im
wesentlichen durch logisches Denken, computerhafte Zielstre-
bigkeit und mathematische Behandlung."

In der Grundlagenforschung geht es primär um das Verstehen.

Kann man den Begriff "Verstehen", der eine typisch menschliche Art der Reaktion auf die Aufnahme einer Information
darstellt, überhaupt klar und eindeutig definieren?

"Verstehen" ist uns zunächst aus dem normalen Gebrauch der
Sprache zur Weitergabe und zum Empfang von Mitteilungen von
Mensch zu Mensch geläufig.

Wir verstehen eine Mitteilung nur dann gut, wenn sie Gegenstände oder Vorgänge betrifft, die uns aus dem täglichen Leben vertraut sind.

Auf diese Vertrautheit, die das schon Bekannte, das Gewohnte,
das als Tatsache Akzeptierte beinhaltet, wird im allgemeinen
Bezug genommen, wenn man Verstehen meint.

So wird in der ausführlichen Diskussion zu diesem Thema bei
Robert Spämann und Reinhard Löw in einem Buch mit dem Titel:
"Die Frage wozu?" eine Definition in folgender Weise gegeben:*)

Verstehen heißt vertraut sein, heißt Aufhebung der Fremd-
heit des Begegnenden.

---

*) R. Spämann und R. Löw: "Die Frage wozu?" Serie Piper München
   1985

Nun kommt es aber vor, daß wir eine Botschaft nicht verstehen, daß wir sie also nicht ohne weiteres in den Bereich
der Vertrautheit einordnen können.

Wie reagieren wir in diesem Falle, wenn die unverstandene
Mitteilung von einem Gesprächspartner kommt, mit dem wir in
gutem Kontakt stehen?

Wenn uns die Nachricht interessiert, dann werden wir versuchen, durch Rückfragen den Sachverhalt zu klären und zwar,
wenn die äußeren Umstände schon hinreichend genau beschrieben sind, im wesentlichen durch Fragen von zweierlei Art:

1) durch Fragen, die sich auf das Ziel einer Handlung beziehen, wie z.B. "wozu oder zu welchem Zweck wurde
   eine bestimmte Handlung ausgeführt? " und

2) durch Fragen nach dem kausalen Zusammenhang, z.B.
   "was war die Ursache für eine bestimmte Verhaltensweise?"

Im ersten Falle handelt es sich um teleologische Fragen, die
im allgemeinen mit der Angabe des angestrebten Zieles be-
friedigend beantwortet sind.

Im zweiten Falle greifen wir aus der Kausalkette, die den Ablauf von Ereignissen verbindet, ein Glied, nämlich eine
Ursache und die daraus folgende Wirkung heraus, um die an
dieser Stelle aufgetretene Unklarheit zu beseitigen.

Die Fragen nach den anderen Ursachen und Wirkungen dieser
Kette bleiben dann aber offen.

Bringen Antworten auf solche Fragen keine befriedigende
Verständigung, dann wird möglicherweise der Auskunftgebende
hilfreich eingreifen und versuchen, durch andersartige
Beschreibung eines bestimmten Vorfalles und durch besser
gewählte Bezeichnungen eine Klärung herbeizuführen.

Ist auch auf diesem Wege keine Verständigung möglich, dann beginnen die echten Probleme des Verstehens sichtbar zu werden.

Bezieht sich nämlich die Mitteilung auf einen Gegenstand, der nur individuell erlebt werden kann, so versagt die Beschreibung durch Worte - sie führt bestenfalls zur Andeutung einer Denkrichtung, bei deren Aufnahme und Fortführung der Zuhörer eine Erfahrung machen könnte, die dem Gemeinten vergleichbar ist.

Der Nobelpreisträger Leszek Kolakowski *) beschreibt diese Situation in seinem ausgezeichneten Buch "Die Gegenwärtigkeit des Mythos" sehr treffend, wenn er auf prinzipielle Probleme hinweist, die bei der Anwendung der Sprache auf mythische Gegenstände auftreten müssen. Er schreibt dazu folgendes:

"Die mythischen Realitäten versuchen etwas wiederzugeben, das sich wörtlich nicht wiedergeben läßt, denn unsere sprachlichen Werkzeuge können sich nicht von dem praktischen Gebrauch befreien, dessentwillen sie ins Leben gerufen wurden.

Sie drücken sich demnach vorwiegend in sukzessiven Negationen aus, kreisen hartnäckig und endlos um das Zentrum der mythischen Intuition, das vom Wort nicht getroffen wird.

Sie sind Versuche, die Zufälligkeit der Erfahrung, die Zufälligkeit der Welt im Wort zu überschreiten."

Das in unserem Fall zu behandelnde Thema ist nun die Erfahrung der Natur und die Art, wie wir Ergebnisse der naturwissenschaftlichen Grundlagenforschung verstehen können.

Das Vertrautsein allein genügt hier nicht.

Könnten wir die Notwendigkeit des Naturgeschehens einsehen oder gar seinen Sinn entdecken, dann wären wir voll berechtigt zu sagen, wir hätten die Natur verstanden.

---

*)  L. Kowakowski: "Die Gegenwärtigkeit des Mythos"
    Piper München 1973

Wir betrachten hier den Fall einer direkten Gegenüberstel-
lung Mensch-Natur, einen Fall also ohne eine vermittelnde
Person, ohne die Anwendung der menschlichen Sprache als
Mittel für die Informationsübergabe und ohne die Möglichkeit der Rückfrage in dieser Sprache.

An die Stelle der sprachlichen Informationsweitergabe tritt
hier die Information durch den Austausch von Signalen zwischen dem natürlichen Objekt und dem Subjekt, dem Forscher.

Eine Information dieser Art kann nicht nur aufgenommen,
sondern auch gezielt durch Experimente von der Natur er-
fragt werden und zwar in der ganz spezifisch menschlichen
Art unserer Wahrnehmungsfähigkeit, d.h. in Raum und Zeit
und nach Prinzipien unserer Denkweise.

Der Begriff "Verstehen" soll nun in diesem Zusammenhang auf
folgende Weise definiert werden:

Einen bestimmten Naturvorgang verstehen heißt eine Übereinstimmung finden zwischen
a) dem in der Natur wahrgenommenen Vorgang und
b) dem nach eigener Modellvorstellung und Berechnung zu er-
   wartenden Vorgang.

Diese Definition soll durch ein Beispiel aus der Geschichte
der Naturwissenschaften erläutert werden.

Galilei benutzte das Experiment als Mittel zur Entscheidung
darüber, ob eine Theorie richtig oder falsch war.

Galiei stellte folgendes fest:
Zwei verschieden schwere Körper, deren Masse jeweils noch
so groß ist, daß der Luftwiderstand beim freien Fall nur
einen kleinen, vernachlässigbaren Effekt hervorruft, fallen
mit beschleunigter, aber für beide Körper gleicher Geschwin-
digkeit zur Erde.

Sie erreichen also den Erdboden gleichzeitig, wenn sie die
gleiche Fallstrecke durchlaufen.

Nach der Lehre des Aristoteles sollte der schwere Körper früher am Boden ankommen als der leichtere.

Der freie Fall schwerer Körper war also bis zur Entdeckung der Fallgesetze nicht verstanden worden, denn das Experiment zeigte, daß der tatsächliche Ablauf des freien Falles nicht den ursprünglichen Erwartungen entsprach.

Setzt man dagegen, der Erkenntnis von Galilei entsprechend voraus, daß im Prinzip alle Körper, unabhängig von ihrer Masse die gleiche Fallzeit für die gleiche Strecke benötigen, so erfüllt erfahrungsgemäß jedes Experiment, bei vollständiger Auswertung der Ergebnisse und Berücksichtigung der Fehlerquellen die Erwartung und liefert die Bestätigung dafür, daß der Vorgang verstanden wurde.

Galilei konnte bei seinen Versuchen nur andeutungsweise Gesetzmäßigkeiten finden, denn seine Experimente waren durch viele Einflüsse z.T. unbekannter Art gestört (Luftströmung, Reibung).

Er konnte sich deshalb bei seinen Untersuchungen nicht auf die Beobachtung frei fallender Körper allein beschränken, er mußte auch das Abrollen einer Kugel auf der schiefen Ebene und die Pendelbewegung in Betracht ziehen, um aus diesen verschiedenartigen Versuchsanordnungen Beobachtungsergebnisse zu erhalten, aus denen das Prinzip des Falles im Schwerefeld der Erde herausgelesen werden konnte.

Es gehört schöpferische Fähigkeit dazu, Modelle für den wahrscheinlichen Ablauf eines fraglichen Vorganges auszudenken und danach Experimente anzusetzen, um die Verwendbarkeit der Modelle zu testen.

Es ist viel Geduld notwendig und man benötigt gutes Einfühlungsvermögen, um aus einer Menge sehr stark streuender Ergebnisse die richtigen Zusammenhänge zu erkennen, aus denen sich schließlich ein einfaches Naturgesetz herausoperieren läßt.

Wir haben bisher im wesentlichen eine Methode beschrieben,
nach der ein Naturwissenschaftler vorgehen kann, wenn er sein
Wissen über die Zusammenhänge in der Natur erweitern will.

Es ist eine Arbeitsmethode, mit der noch wenig darüber gesagt
ist, was wir  p r i n z i p i e l l  von der Natur verstehen und
vor allem  w i e  wir Natur verstehen können.

Die Kernfrage, die uns hier interessiert ist:

Welche Ergebnisse, die über die Bildung einer Basis für die angewandte Forschung und Technik  h i n a u s g e h e n, können wir
von der Grundlagenforschung erwarten?

Können wir erwarten, daß wir Natur jemals so begreifen, wie
sie an sich ist (wenn diese Frage  s o  überhaupt gestellt
werden kann), daß wir sie also so erfassen, wie sie auch ohne
unsere Existenz wäre?

Die vorhandenen Mittel reichen von der Wahrnehmung über das anschauliche Denken mit bildhaften Vorstellungen, über das
abstrakte Denken in reinen Verstandesbegriffen bis hin zur
Idee, die nach Kant als reiner Vernunftbegriff die Möglichkeit
der Erfahrung übersteigt, d.h. die eine empirische Bestätigung des Inhaltes ausschließt.

Betrachten wir zunächst die menschliche Wahrnehmungsfähigkeit
genauer:
Beim menschlichen Wahrnehmungsvorgang empfangen wir Signale aus
der Umwelt, die uns mittelbar,  z.B. über Lichtwellen oder
Schallwellen zugeleitet werden.

Es hängt von der Funktionsweise der Sinnesorgane ab, wie und
in welchem Umfange diese Signale verwertet werden, wenn sie
in unser Bewußtsein gelangen.

Der Eindruck, den wir von unserer Umwelt erhalten, wir also
selektiv durch unsere Sinne mitbestimmt.

Wir können ein materielles Objekt nicht unmittelbar, also ohne
Mittel, ohne den Übergang von Signalen zwischen Objekt und Subjekt wahrnehmen.

In der Auffassung über die mögliche Art des Wahrnehmens besteht
bei vielen modernen Wissenschaftlern weitgehende Übereinstimmung.
Dazu folgende Zitate:

Der Psychologe Ernst Pöppel *) vertritt in seinem 1985 erschienenen Buch "Grenzen des Bewußtseins" folgende Ansicht:

"Was wir von der Welt erfahren können ist nur das, was wir
aufgrund unserer an die Natur angepaßten Kategorien in die
Welt hineinlegen.
Was uns als Realität erscheint, ist eine durch uns selbst bedingte Konstruktion der Realität."

Eine drastische Abgrenzung unserer Erfahrungswelt von der
physikalischen Welt erkennt der Psychologe Irvin Rock **) in seinen Untersuchungsergebnissen, die in dem Buch "Wahrnehmung",
erschienen 1984, beschrieben sind.
In dem Buch sind zahlreiche Experimente und Beobachtungen aus-
führlich dargestellt.

Er schreibt:
"Unsere Erfahrungswelt stimmt keineswegs mit der physikalischen
Welt überein.
Die Welt, die wir in unserer Wahrnehmung erschaffen, unterschei-
det sich qualitativ von der physikalischen Welt, weil wir sie
nur innerhalb unserer Sinne erfassen können.

Die Empfindungen Farbe, Ton, Geschmack und Geruch haben also
keine physikalische Realität; sie bezeichnen etwas, das in
unserem Geist entsteht - ohne ein lebendes Wesen existieren
sie gar nicht."

---

*)   E. Pöppel: "Grenzen des Bewußtseins" Deutsche Verlags-
     anstalt Stuttgart 1985
**)  I. Rock: "Wahrnehmung" Spektrum der Wissenschaft 1985

Vergleichen wir diese Meinungen moderner Wissenschaftler
mit Aussagen von Immanuel Kant *), die in der "Kritik der
reinen Vernunft" etwa 200 Jahre früher gemacht wurden, so
ist der Unterschied gar nicht so wesentlich.

Bei Kant heißt es:
"Wenn wir diese unsere Anschauung auch zum höchsten Grade
der Deutlichkeit bringen könnten, so würden wir dadurch
der Beschaffenheit der Gegenstände an sich selbst nicht
näherkommen. Denn wir würden auf allen Fall doch nur unsere Art der Anschauung, d.i. unsere Sinnlichkeit vollständig erkennen, und diese immer nur unter den dem Subjekt
ursprünglich anhängenden Bedingungen von Raum und Zeit.

Das "nur" in diesem Satz betont die Beschränkung auf das
durch unsere Wesensart Bedingte; es grenzt das Bedingte
vom Unbedingten ab.

Der Ausdruck "nur unsere Art der Anschauung" in dem Satz von
Kant trifft aber gerade unsere Thema.

Worin liegt nun das Wesentliche einer physikalischen Welt,
die sich nach Rock so deutlich von der Sinnenwelt unterscheidet?

Die physikalische Welt baut sich aus empirisch gefundenen,
meßbaren Daten, Ereignissen und Naturgesetzen auf, die
insofern objektive Gültigkeit haben, als sie grundsätzlich
von jedem logisch denkenden, hinreichend geschulten Menschen erfaßt und bestätigt werden können.

Und mit geeigneten Meßanordnungen lassen sich physikalisch
auch die Bereiche erfassen, die unseren Sinnesorganen direkt nicht zugänglich sind.

Die Aktivitäten in der Physik bestehen aus Messen, d.h.
Vergleichen mit Maßeinheiten, also grundsätzlich Ver-

---

*) I. Kant: "Kritik der reinen Vernunft"

gleichen, aus Experimentieren und Auswerten von Ergebnissen,
und im Entwickeln von Theorien.

Die Physik liefert uns Strukturen und invariante Beziehungen
zwischen den Dingen, nicht aber das Wesen der Dinge.

Sie arbeitet mit Symbolen.

Wir sprechen z.B. von elektrischen Ladungen, wenn wir elektri-
sche Vorgänge erklären wollen.

Obwohl aus unserem Wahrnehmungsbereich nichts entnommen werden
kann, das die Gegenwart einer elektrischen Ladung direkt anzeigt,
bildet sich doch in unserer Vorstellung ein mehr oder weniger
anschaulicher Begriff "Ladung" aus, der durch ein Symbol, z.B.
den Buchstaben Q gekennzeichnet wird.
Wir finden damit Gleichungen, die beschreiben, mit welcher
Kraft sich elektrisch geladene Körper abhängig von ihrem La-
dungszustand und von ihrem gegenseitigen Abstand anziehen oder
abstoßen und wir geben der Ladung ein Vorzeichen, um damit
zwei verschiedenartige Ladungstypen als negativ und positiv zu
charakterisieren.

Das Wort Ladung sagt eigentlich etwas ganz Abstraktes, nämlich
nur soviel aus, daß wir an einem bestimmten Ort die Gegenwart
eines Objektes annehmen, dem wir bestimmte Fähigkeiten zuschreiben, die für die Erklärung einer Reihe elektrischer
Phänomene nützlich sind.

Ganz allgemein lassen sich Objekte dieser Art in Bereichen,
die für unsere Sinnesorgane nicht direkt zugänglich sind, aus
Gründen der Vereinfachung von Theorien zunächst nur postulieren.

Erst wenn sie sich für die Erklärung physikalischer Zusammenhänge als brauchbar erwiesen haben, werden sie als ein Teil
der Wirklichkeit akzeptiert und erlangen so eine Natürlichkeit,
wie wir sie an den direkt wahrnehmbaren Gegenständen kennen.

Obwohl die so eingeführten Begriffe und die anschaulichen
Modelle auch weiterhin Gebilde unserer Phantasie bleiben, sind
sie doch von der Natur als funktionsfähig im Zusammenwirken mit anderen Gegenständen der Erfahrung bestätigt und
haben insofern physikalische Realität.

Modelle sind und bleiben aber Modelle, auch wenn sie im
Experiment als funktionsfähig bestätigt sind.

Wir betrachten die meisten Dinge oberflächlich als selbstverständlich gegeben und denken wenig darüber nach, ob
ihre Wirklichkeit nicht durch die Umstände der Erfahrung
bedingt sein könnte.
Kein Mensch mit gesundem Menschenverstand würde beispielsweise daran zweifeln, daß das Gestein, aus dem unsere Ge-
birge aufgebaut sind, etwas Wirkliches ist.

Wir finden Steine mit verschiedenen meßbaren Eigenschaften wie Dichte, Härte, Lichtdurchlässigkeit usw.

Wir finden auch schöne Einkristalle wie den Bergkristall,
den Amethyst und, wenn auch selten, den Diamanten als
den Edelstein mit der größten Härte.

Greifen wir den Diamanten heraus und untersuchen wir ihn
im Röntgenlicht, so stellt sich heraus, daß er aus einzelnen, gitterartig angeordneten Massepunkten, d.h. Masse-
konzentrationsstellen besteht, wobei die Zwischenräume
relativ groß und weitgehend massefrei sind.

Der Diamant besteht aus Kohlenstoffatomen, deren Kernab-
stände im Gitter 1,54 Å oder $1,54 \cdot 10^{-10}$ Meter betragen.

Der Kern jedes Atoms ist rund 4 Zehnerpotenzen kleiner als
dieser Abstand und enthält 99,9 % der gesamten Atommasse.

Der Aufbau des Diamantgitters ist durch viele Messungen bestätigt und gesichert.

Damit ist aber auch sicher, daß der härteste Edelstein, den
wir als kompakten Körper kennen, überwiegend aus Leerräumen
zwischen Atomkernen besteht, deren gegenseitiger Abstand, ge-
messen an ihrem Durchmesser sehr groß ist.

Die Art, wie sich uns die Wirklichkeit darstellt, hängt also
in diesem Falle von dem Wellenlängenbereich des Lichtes ab,
mit dem wir den Körper untersuchen.

Je nach angewandter Lichtart erscheint er einmal als Kontinuum
und einem als Diskontinuum.

Dabei drängt sich die Frage auf: Gibt es ein Untersuchungsver-
fahren, das uns die endgültige Natur des Diamanten offenbaren
kann?

In dem Begriff Diament ist etwas Willkürliches, da wir uns
bei der Definition auf die wesentlichen Eigenschaften des
Minerals beschränken, die wir für seine Bestimmung als Edelstein als zweckmäßig ansehen.

Nur in diesem Sinne läßt sich der Diamant vollständig definieren.

Alle Angaben zur Kennzeichnung eines Minerals als Diamant
sind dann analytische Aussagen, die nicht mehr offenbaren, als
in der Definition enthalten ist.

Mit diesen Merkmalen ist aber die physikalische Realität des
gemeinten Gegenstandes, der sich uns als Diamant darstellt,
noch nicht vollständig erfaßt.

Man kann die Frage nach der Realität auch für seine Bausteine,
die Kohlenstoffatome stellen und man findet auf experimen-
tellem Wege auch dafür Daten und Beziehungen, die sich zu

neuen Begriffen zusammenfassen lassen.

Daraus erhält man aber niemals die Realität an sich, sie ist
nur die Realität in bezug auf uns, die wir die Begriffe bilden.

Je weiter wir uns dabei von den Größenbereichen unseres normalen, natürlichen Lebensraumes entfernen, um so stärker treten anschauliche Modelle in den Hintergrund, um so höher
wird der Anteil abgeleiteter Begriffe, um so mehr Anpassungs-
arbeit müssen wir aufwenden, um mit diesen Begriffen hinreichend vertraut zu werden, damit sie uns als Wirklichkeit
und nicht nur als Hilfsmittel erscheinen.

Im Grenzbereich ist es offensichtlich so, daß wir bewußt
nur mit Hilfsvorstellungen arbeiten, wenn wir z.B. zur Erklärung von Phänomenen, die durch das Licht verursacht werden, einmal die Wellenvorstellung und einmal die Teilchen-
vorstellung heranziehen müssen.


Die im Untertitel zu diesem Vortrag formulierte Aufgabe,
Ergebnisse der naturwissenschaftlichen Grundlagenforschung
nach Kriterien des menschlichen Verstehens zu bewerten,
hat bis jetzt zu folgendem Ergebnis geführt:

Menschliches Verstehen, gemeint als Vertrautsein mit dem
Begegnenden, hat in bezug auf die Natur nur sehr begrenzte
Bedeutung, denn das Vertrautsein bedeutet ja nichts
anderes, als in dem, das uns begegnet, schon Bekanntes
und Gewohntes wiederzufinden.

Der vertraute Bereich selbst müßte erst in einem höheren
Sinne verstanden werden, denn vertraut sein kann man auch
mit Problemen, deren Lösung man vielleicht niemals erfahren
wird.

Meint man aber mit Verstehen in einem höheren Sinne das Einsehen der Notwendigkeit des uns Begegnenden, oder erwartet
man im Naturgeschehen einen Sinn zu erkennen, aus dem ein
Sollen für den Menschen abgeleitet werden könnte, so liefert uns
das Objekt Natur keinen Hinweis, denn Sinn mit Absolutheits-
anspruch kann nicht aus bloßen Vergleichen zwischen Objekten,
die uns dem Wesen nach unbekannt sind, abgelesen werden.

Immanuel Kant bringt dies u.a. wie folgt zum Ausdruck:

"Es mögen noch so viele Naturgründe sein, noch so viele sinn-
liche Anreize, so können sie nicht das Sollen hervorbringen.

Das Sollen drückt eine Art von Notwenigkeit und Verknüpfung
mit Gründen aus, die in der ganzen Natur sonst nicht vorkommt.

Der Verstand kann von dieser nur erkennen, was da ist, oder
gewesen ist, oder sein wird."

Zwischen der trivialen Art des Verstehens durch Zurückführung
des Begegnenden auf schon Vertrautes, oder Zurückführung kom-
plizierter Naturphänomene auf schon bekannte Naturgesetze
einerseits und der idealisierten Art, die mit dem Wunsch verbunden ist, Notwendigkeit und Sinn in der Natur zu finden
andererseits, liegt das aufbauende Verstehen, das in fortge-
setzter Anwendung des Prinzips: Modellentwurf - experimentelle
Erprobung - Korrektur besteht.

Die vorausgegangenen Betrachtungen über die Art unseres Verstehens offenbarten - zunächst unerwartet - da die Natur das
zu untersuchende Objekt sein sollte, mindestens ebensoviel
Wesentliches über den Menschen in bezug auf die Natur, wie über
die Natur, bezogen auf den Menschen.

Und sie offenbaren damit die von uns erfaßbare Welt der
Erscheinungen, das ist unsere wirkliche Welt in der wir leben,
als das Ergebnis einer Wechselbeziehung zwischen Subjekt und
Objekt.

Das Bild, das wir in der Grundlagenforschung von der Natur
aufbauen, hat Bezug auf die Realität, trägt aber immer
unser menschliches Gepräge.

So weit das Zwischenergebnis.

Zu beantworten wäre noch die Frage:

Was bedeutet wertfreie Forschung für den Menschen?

In diesem Zusammenhang ist es interessant, die Meinung
eines modernen Philosophen zu hören.

Hans Jonas *) nimmt in einem Plädoyer für eine Selbstzensur
der Wissenschaft mit dem Titel:
"Die Ehrfurcht vor der Natur"
zum Thema "Wertfreiheit der Wissenschaft" Stellung.

Er sagt:
"Die Naturgesetze, als formale Ablaufgesetze, haben keinen
Bezug auf das, was inhaltlich unter ihrem Walten hervor-
geht.

Als zweckfrei ist dieses Walten - und das was es hervor-
bringt - auch frei von Sinn.

Den Sinn bringen wir erst hinein.

Für uns allein gibt es auch den Anreiz der Zukunft, für die
Natur nur den Stoß der Vergangenheit.

Wenn aber die Natur keine Zwecke hat, dann kann sie auch
keine verfehlen.

_____

*)  H. Jonas: "Die Ehrfurcht vor der Natur"
    Frankfurter Allgemeine Zeitung, 28.04.83

Es gibt bei ihr keinen Unterschied zwischen Erfüllung und
Vereitelung, von besser und schlechter, von höherem und nie-
drigerem Wert, also auch nicht von mehr oder weniger würdigen
Objekten.

Der Natur, dem baren "was ist", kann der Mensch keine Normen
des Verhaltens entnehmen, außer Klugheitsregeln, die ja nicht
wirklich verpflichten.

Er kann seine Werte nicht in einem objektiven Sein verankern,
sondern muß sie aus seiner Subjektivität erzeugen und willkürlich setzen.

Und wo stammen diese Werte her?

Wie kommt er, der Mensch zu seinen Zwecken?

Über Instinkte und Triebe, wie sie die natürliche Auslese, selber wieder ein wertneutraler Naturprozeß, der nur nach äußeren
Effekten und nicht nach inneren Werten fragt, herausgezüchtet
hat.

Selbsterhaltungstrieb und Todesfurcht, Sexualtrieb, Lusttrieb,
Machttrieb, Schmucktrieb, Gesellschaftstrieb usw.

Auch sie sind ein Produkt aus Zufall und Notwendigkeit.

Auch sie sind nur ein "ist", kein "soll" an sich, obwohl sie
von uns zwecks größerer psychologischer Zugkraft mit dem Charakter eines "soll" ausstaffiert werden mögen - selbst wieder ein
eigentümlicher Trick der Selektionsmechanik.

Auch der Mensch, als Erzeugnis der Natur, ist also hineinge-
zogen in die wissenschaftliche Reduktion zum wertneutralen
Objekt.

Um so unbekümmerter kann er auch mit sich selbst umgehen."

So weit die eine Seite der Darstellung. Und nun sagt Jonas
weiter:
"Spätestens hier regt sich der Verdacht, daß das reduktive

Bild einer zweckfreien Natur, das die Wissenschaft sich zu
wohl erwogenen Erkenntniszwecken herauspräpariert hat, doch
nicht die ganze Wahrheit über die Natur ist.

Der Verdacht ist nicht unbegründet.

Denn jene interessenlose Natur soll doch das Phänomen des
Interesses aus sich hervorgebracht haben, das Zweckhaben
aus ihrer Zwecklosigkeit, ja den ganzen Luxus der Subjektivität.

Dem Menschen aber, und auch schon den Tieren geht es in
ihrem Sein immer um etwas, und zuerst um dieses Sein selbst.

Dies Überschüssige, physikalisch Entbehrliche, ist aus der
Natur emporgetaucht.

Also kann ihr dergleichen doch nicht ganz fremd sein.

Eine Natur, die schließlich nach endloser Vorbereitung der
Subjektivität fähig war, kann nicht die bloße Natur der
Physik sein.

Liegt nicht vielmehr die Vermutung nahe, daß in ihr selbst
ein Interesse daran am Werke war, daß sich Interesse in der
Welt melde, zur Geltung bringe, zum Bewußtsein seiner selbst
zu kommen?

Wenn nun aber der Mensch berechtigt ist, in seinem Erkennt-
nisdrang und seinem Sittlichkeitsbemühen eine Kulmination
dieser naturimmanenten Tendenz zu sehen, und zwar nicht aus
Eitelkeit, sondern nach Kriterien der erkannten Lebensstu-
fen selbst, dann sieht er sich damit unter eine Seinsverpflichtung gestellt, als Mandatar sozusagen eines Wollens
der Natur."

In den Ausführungen von Jonas kann man den Versuch erkennen,
aus der Evolution des Lebens eine Aufgabe für den Menschen
herzuleiten, nämlich die Aufgabe, sich seines Seins im
Universum bewußt zu werden.

Dieses Bewußtwerden des Selbstseins bedeutet mehr als nur Erweiterung des Wissens um die Möglichkeiten zur Selbsterhaltung und Machtentfaltung.

Es bedeutet die Bezugnahme auf das Selbst im Prozeß der Naturerfahrung, es bedeutet den Aufbau und die Intensivierung einer lebendigen, in der Reflexion erfahrenen Beziehung zwischen dem Selbst und dem Universum.

Es bedeutet Erleben der Natur mit den uns zur Verfügung stehenden Mitteln, die nicht nur registrieren, sondern auch sofort bewerten, und zwar nicht mehr nur im Hinblick auf unsere Selbsterhaltung, sondern im Streben nach Selbstfindung und Selbsterweiterung.

Schlüsselfragen für das Vordringen in dieser Richtung sind zum Beispiel Fragen nach der Bedeutung von Raum, Zeit, Gegenwart, Kausalität.

Das sind Begriffe, die nicht nur durch philosophisches Nachdenken, sondern im wesentlichen durch gesicherte Ergebnisse der naturwissenschaftlichen Grundlagenforschung fragwürdig geworden sind.

Das bessere Erkennen der Bedeutung dieser in unserem normalen biologischen Interessenbereich so selbstverständlich erscheinenden Begriffe wäre ein wesentlicher Schritt nach vorn im Prozeß des Bewußtwerdens.

Es sind nun zwei Motive zur Forschungsarbeit zu unterscheiden und kritisch zu beurteilen:

1) der Wunsch, die Welt technisch zu beherrschen, wobei Anschaulichkeit und Verstehen nur so weit erforderlich sind, als sie sich für die Entwicklung der Technik als zweckmäßig erweisen, und

2) der Wunsch, die Welt zu erleben und zu verstehen unter Anwendung aller Mittel der Wahrnehmung, der Nachempfindung und unserer Denkprinzipien allgemein, dies aber als Selbstzweck.

In der industriellen Forschung dominiert sicher das erste
Motiv, da die Technik die Einrichtungen für unsere materielle Existenz bereitstellt.

Dieses erste Motiv betrifft also unsere praktischen Lebensbedingungen, die wir akzeptieren müssen und aus denen wir
die notwendigen Schlußfolgerungen ziehen müssen.

Sucht man aber nach dem Sinn des Ganzen, so steht das Verstehen im Vordergrund, sozusagen als nächste Aufbaustufe
der menschlichen Existenz, nachdem die materielle Existenz
hinreichend gesichert ist.

Spämann und Löw schreiben zu diesem Thema folgendes:

"Der Mensch hat Zwecke, und diesen will er die Natur als
Mittel unterwerfen. Ohne Zweifel ist das. legitim.

Die Existenz des Menschen hängt davon ab, daß er so ver-
fährt.

Aber: Ist Naturbeherrschung das einzige und höchste legitime
Ziel des Menschen?

Diese Auffassung hätte verhängnisvolle Konsequenzen.

Sie unterstellt das menschliche Dasein selbst als Mittel
dem Zweck seiner eigenen Erhaltung, und genau dies ist das
Wesen des Nihilismus.

Oder an einer anderen Stelle:

"Wenn der Sinn des Daseins nur in seiner Selbsterhaltung liegt,
dann ist das gleichbedeutend mit der These, daß es einen solchen Sinn nicht gibt.

So klar und einleuchtend sich zeigen läßt, worin der Sinn
nicht liegen kann, so schwierig ist es, in Worten konkret
zu beschreiben und abzugrenzen, worin der Sinn, in diesem Falle der Sinn unserer Auseinandersetzung mit der Natur liegt.

Unserer Entscheidung zugunsten dieser Auseinandersetzung
mag eine bestimmte Auffassung von Seinsverpflichtung zugrunde-
liegen, die mehr als Selbsterhaltung fordert und die im Prozeß
der fortschreitenden und tiefergriefenden Erkenntnis Erfüllung
findet.

Diese Verpflichtung gibt dem Menschen auf, sich nicht leicht-
fertig mit dem Gegebenen, aber Unverstandenen abzufinden, sondern weiterzusuchen, solange die Möglichkeit zur Erarbeitung
einer besseren Einsicht offensteht.

Unter diesem Aspekt erscheint die Arbeit in der Grundlagenforschung an sich sinnvoll.

Wenn es auch keine absolute Welt ist, die wir erkennen können,
so ist es doch unsere wirkliche Welt, die von einer absoluten
Realität in dem Maße mitgestaltet wird, in dem wir uns um ihren
Aufbau, d.h. um ihr Verstehen bemühen.

Es gibt ein Gegenüber, das zur Bildung von Vorstellungen und
Theorien herausfordert, das korrigierend in den Entwurf unserer
Modelle eingreift, und das auf unsere Aktionen in deutlicher
Weise reagiert.

Richtungweisend für das Vorgehen des Naturwissenschaftlers
ist immer eine Idee, die, in der bei Kant dargelegten Bedeutung, die Möglichkeit der Erfahrung übersteigt.

Es ist die Idee eines unbedingten Hintergrundes der für uns
nur bedingt erfahrbaren Welt.

Es ist die Idee der Wahrheit.

# Die Würde des Kindes

=============================

von Paul Fringes

Dr. phil. Paul Fringes, Oberstudienrat

Nach dem Abitur am Abendgymnasium in Neuß (Rhein)
Studium der Philosopie, Theologie, Germanistik und
Erziehungswissenschaft,

1970 - 1977   Lehrer an berufsbildenden Schulen in Dortmund

1974 - 1976   Lehrauftrag an der Fachhochschule für Sozialpädagogik
in Dortmund (für pädagogische Anthropologie)

1977 - 1981   Wissenschaftlicher Mitarbeiter am Institut für Berufs-
pädagogik der Rheinisch-Westfälischen Technischen
Hochschule Aachen

1981   Promotion an der Phil.-Fak. der RWTH-Aachen mit
einer Arbeit zur Didaktik der Jugendbildung

Seit 1981 wieder im Schuldienst. U.a. berufspädagogische Betreuung jugendlicher Strafgefangener in der JVA Heinsberg und Ausbildung von Erziehern.


Vereinte Nationen 1959: Die "Rechte des Kindes"

"Die Menschheit schuldet dem Kind das Beste, was sie zu geben
hat", heißt es in der Erklärung der Rechte des Kindes, die

am 20. November 1959 von der Vollversammlung der Vereinten
Nationen einstimmig angenommen wurde.

Angesichts der Tatsache, daß es heute in der Welt mehr Kinder
gibt, die krank und unterernährt und ohne Ausbildung sind, als
vor dreißig Jahren, ist es angebracht, sich diese Rechte des
Kindes einmal vor Augen zu halten.

1. Jedes Kind - ohne Rücksicht auf Rasse, Religion, Herkunft,
   Geschlecht oder Weltanschauung - hat das Recht auf eine
   glückliche Kindheit.

2. Das Kind genießt besonderen Schutz. Es werden ihm Gelegen-
   heiten und Erleichterungen durch das Gesetz gegeben, sich
   gesund, natürlich, körperlich, geistig, moralisch, seelisch
   und sozial zu entwickeln.

3. Das Kind hat von Geburt an Anspruch auf einen Namen und
   eine Staatsangehörigkeit.

4. Das Kind erfreut sich der Wohltaten sozialer Sicherheiten.
   Es ist berechtigt, in Gesundheit aufzuwachsen und zu reifen.

5. Das körperlich, geistig oder sozial behinderte Kind erfährt
   besondere Behandlung, Erziehung und Fürsorge.

6. Das Kind bedarf zur vollen harmonischen Entwicklung Liebe
   und Verständnis. Im zarten Alter soll das Kind nicht von
   seiner Mutter getrennt werden. Gesellschaft und öffentliche
   Stellen haben die Pflicht, für alleinstehende und mittel-
   lose Kinder zu sorgen.

7. Das Kind hat Anspruch auf unentgeltlichen Pflichtunterricht
   in der Volksschule. Es wird ihm eine Erziehung zuteil, die
   seine allgemeine Bildung fördert.

8. Das Kind hat volle Gelegenheit zu Spiel und Erholung.

9. Das Kind wird vor Vernachlässigung, Grausamkeit und Aus-
   nutzung jeder Art geschützt. Nie wird ihm erlaubt, einen
   Beruf oder eine Tätigkeit auszuüben, die seiner Gesundheit
   oder seiner Erziehung schaden oder seine körperliche, geistige und moralische Entwicklung hemmen.

10. Das Kind wird im Geist des Verstehens, der Duldsamkeit und
    der Freundschaft zwischen den Völkern erzogen.


Bei der Konkretion unseres Rahmenthemas stoßen wir auf Per-
sonengruppen, die - aus welchen Gründen auch immer - besonders gefährdet scheinen, wenn es darum geht, ihnen unantastbare
Würde und unveräußerliche Rechte zuzusprechen. Zu dieser Gruppe
gehören auch die Kinder. Das hängt sicher damit zusammen, daß
die Stellung des Kindes in Familie und Gesellschaft allgemein
durch Unmündigkeit charakterisiert wird. Diese  wird biologisch

mit der Hilflosigkeit, erzieherisch mit der Notwendigkeit
sozial-kultureller Ausstattung und rechtlich mit der Unfä-
higkeit, sich selbst und seine Rechte auszuüben, begründet.

Im Laufe der Geschichte hat dies zur Ausgrenzung eines Lebensbereiches geführt: zur Kindheit. Einmal ist damit ein Frei-
raum entstanden, in dem die Kinder ihre Bedürfnisse und
ihre Lebensart leben können, ein Vorrecht, das jedem eine
Zeitlang zu gewähren ist. Zum anderen ist aber auch ein
Sonderraum entstanden, in dem wir die Kinder zurichten, erziehen, sozialisieren, emanzipieren und heranbilden. Es ist
ein Sonderraum entstanden, der leicht mißbraucht werden
kann, denn nirgends erfährt der Erwachsene seine Übermacht
so sehr, wie gegenüber unmündigen Kindern. Kindheit erscheint damit als ein Lebensbereich von eigentümlicher
Ambivalenz, zu dem sich assoziativ zwei Tatbestände ein-
stellen.

Der eine mag denken, unsere Zeit sollte und müßte eigentlich die beste Zeit für Kinder sein, die es je gegeben
hat. Denn die Forschungen, die wir seit der Ausgrenzung
des Lebensbereiches Kindheit angestellt haben, liegen
erst heute in breiter Fülle vor. Zu keiner Zeit wußten
Erwachsene mehr über das Wesen des Kindes, über die Bedürfnisse von Kindern, über die Voraussetzungen und Bedingungen, unter denen sie sich am besten entwickeln. Zu keiner
Zeit waren sich Erwachsene ihrer Verantwortung für das Ge-
deihen der Kinder stärker bewußt als heute. In den reichen
Industrienationen waren auch zu keiner Zeit die wirtschaftlichen und politischen Verhältnisse für eine glückliche
Kindheit günstiger. Hunger und Krankheit sind weitgehend
gebannt, es gibt mehr und bessere Wohnungen, die Eltern
haben immer mehr Freizeit, mit der Familienplanung steigt
die Zahl der Wunschkinder, Kinderarbeit ist längst abge-
schafft, Kinderzimmer, Kindergärten und Schulen strotzen
von förderlichem Lernmaterial. Das Wohl des Kindes er-

hält immer mehr Vorrang, die freie Entfaltung der Persönlichkeit, eben auch des Kindes, wird garantiert. Zu keiner Zeit
wurden Kinder mehr beachtet. Schließlich leben wir immer noch
im von Ellen Key ausgerufenen Jahrhundert des Kindes, das
Jahr 1979 wurde von den Vereinten Nationen zum "Jahr des Kindes"
erklärt und vor drei Wochen haben wir den "Welttag des Kindes"
begangen. Es könnte und müßte eine reine Lust sein, als Kind
in dieser Zeit zu leben.

Aber, es gibt auch das andere Bild, das sich ebenso mosaik-
artig zusammenstellen läßt: Mögen uns die Berichte und Bilder
über Kinderarbeit, Kinderprostitution, Kindersoldaten und abge-
magerte Kinder aus den Entwicklungsländern noch weit entfernt
vorkommen. Gelingt es uns auch noch, die abstrakten Zahlen von
täglich 40 000 an Unterernährung sterbender Kinder in unsere
Verdrängungskapazität einzuspeichern, so ist unser Gewissen,
wenn nicht unser Widerstand und unsere Wut angesichts unter-
drückter, mißhandelter und in ihrer Würde geschändeter Kinder
bei uns schon eher betroffen.Denken wir dann an Phänomene der
Kinder- und Jugendkriminalität, denken wir an Kinderunfälle im
Straßenverkehr und im Haus, denken wir an kinderfeindliche Um-
welten nicht nur in den Großstädten, denken wir an vereinsamte
Schlüsselkinder, an den rapiden Geburtenrückgang in unserem
Land oder an die jährlich vom Kinderschutzbund veröffentlichten
Zahlen von schrecklichen Kindesmißhandlungen bis hin zu den
kleinen Gehässigkeiten, Feindseligkeiten und Demütigungen des
Kinderalltags, dann stellt sich unsere Zeit doch nicht so ein-
deutig als eine Zeit für Kinder dar.

Die Ambivalenz gegenüber Kindern scheint dabei quer durch unser
Bewußtsein zu verlaufen. Kindheit existiert in den Köpfen Erwachsener nachweislich ebenso als verlorenes Paradies, als un-
erreichbares Utopia, wie auch als Erinnerung an erfahrene Ohnmacht und erlittene Demütigung. Die Ambivalenz verläuft auch
quer durch die Bevölkerung: Großangelegte Untersuchungen haben

ergeben, daß sich in Deutschland ca. 2/3 der Erwachsenen für
außerordentlich kinderfreundlich halten, der gleiche Prozent-
satz der Erwachsenen spricht sich aber zugleich nachdrücklich
für die Prügelstrafe aus. Und daß die Mitgliedschaft in den
Tierschutzvereinen unseres Landes größer ist als die im Kinderschutzbund, ist eine ebenso bekannte Tatsache wie das
Faktum, wonach auf der Skala der scheußlichsten Verbrechen
Tierquälerei vor Kindesmißhandlung rangiert.

Auch in der Literatur wird die Doppeldeutigkeit der Kindheit
bestätigt. Der französische Forscher Philippe Aries hat in
seinem Buch "Geschichte der Kindheit" diese Geschichte als
einen Prozeß der immer feineren Behandlungs- und Bevormun-
dungsweisen beschrieben.*) In der mittelalterlichen
"Sozialität" verrichteten Kinder und Erwachsene dieselben
Arbeiten, trugen die gleiche Kleidung, sahen und hörten dieselben Dinge, gab es für Kinder keinen von der Erwachsenenwelt abgegrenzten Lebensbereich. Aries nennt die Einrichtungen, die entscheidend die Herausbildung moderner Kindheit betrieben haben: "Die Familie und die Schule haben das
Kind mit vereinten Kräften aus der Gesellschaft der Erwachsenen herausgerissen". Aries unterstellt, es sei den Kindern
vor der Entdeckung und Einführung der Kindheit als einer
exklusiven Sphäre, der die Erwachsenen nun mit einer besonderen Aufmerksamkeit begegnen, besser gegangen als gegenwärtig.**)

Im Unterschied zu Aries hat Lloyd de Mause in seinem Buch
"Hört ihr die Kinder weinen? - Eine psychogenetische Geschichte der Kindheit" folgende Auffassung vertreten: " Die Geschichte der Kindheit ist ein Alptraum, aus dem wir gerade
erst erwachen. Je weiter wir in der Geschichte zurückgehen,
desto unzureichender wird die Pflege der Kinder, die Fürsorge

---

*)    Aries, Ph.: Geschichte der Kindheit. München 1975

**)   Aries, Ph.: A.a.O. S. 562

für sie, und desto größer die Wahrscheinlichkeit, daß Kinder getötet, ausgesetzt, geschlagen, gequält und sexuell mißbraucht werden". *) Wir könnten heute ein besseres Verhältnis zu unseren Kindern haben, aber - so de Mause: "Bisher haben nur wenige Eltern konsequent versucht, in dieser Form für ihre Kinder zu sorgen". Viele Eltern sind in früheren historischen Formen der Kindererziehung und Aufzucht steckengeblieben. Bei aller Unterschiedlichkeit der Gedankengänge und der Deutung des geschichtlichen Materials scheinen doch beide Autoren der Überzeugung zu sein, daß wir bis in die heutige Zeit ein gestört-verstörtes Verhältnis zur Kindheit haben.

In diese Kerbe hat wie ein Paukenschlag die antipädagogische Literatur der letzten Jahre eingeschlagen, die uns mit vielen Beispielen aus der Geschichte zeigen will, daß wohl auf keinem Feld die Würde des Menschen so dauerhaft und anhaltend verletzt worden sei, wie die Würde des Kindes. Es gehört dabei zu den Merkwürdigkeiten der Diskussion, daß ausgerechnet jene Tätigkeit als Hauptverursacher der Verletzung und Mißachtung des Kindes angeklagt wird, die sich expressiv verbis als Anwalt des Kindes begreift und vorgibt, aus Liebe zum Kind und zum Wohle des Kindes zu handeln: nämlich die Erziehung. So ist die antipädagogische Literatur, die uns seit etwa 10 Jahren aufhorchen läßt, ein einziges Klagelied darüber, was Kindern im Namen der Erziehung angetan worden ist. Erziehung ist, so die Vertreter dieser Richtung, in ihrem Kern kinder- ja menschenfeindlich, sie ist auf Bevormundung, Mißachtung und Herrschaft aufgebaut. Sie ist eine Form von Gewalt unter Ausnützung der Unerfahrenheit, der Ohnmacht, der Besitz- und Rechtlosigkeit der Kinder. Die Kinder selbst werden durch Erziehung zur unterdrückten Klasse degradiert. Wenn zwischen Kindern und Erwachsenen Krieg herrscht, dazu noch ein Krieg der Ungleichen, dann ist die Erziehung als Hauptquelle der Friedlosigkeit und Würdelosigkeit unserer Welt ausgemacht.

---

*) Mause, L. de: Hört ihr die Kinder weinen? - Eine psycho-
            genetische Entwicklung der Kinderheit.
            Frankfurt 1977. S. 12.

Wer sein Kind liebt, erzieht es nicht, denn Erziehung ist
Versklavung des Kindes. Mit diesen scharfen Angriffen auf
alle Erziehungseinrichtungen hat Ekkehard von Braunmühl in
seinem Buch "Antipädagogik - Studien zur Abschaffung der Erziehung" - das Buch hat der Bewegung den Namen gegeben -
eine Saite angeschlagen, die inzwischen vielfache Resonanz
fand. *)

Kräftige Unterstützung und den publizistischen Durchbruch
brachten der Antipädagogik die kurz aufeinanderfolgenden
Bücher der Schweizer Psychotherapeutin Alice Miller **).
Anhand von Beispielen aus ihrer analytischen Praxis, durch
die Neuinterpretation von biographischen Zeugnissen und vor
allem gestützt auf die historische Quellensammlung von
Katharina Rutschky, die unter dem Titel "Schwarze Pädagogik"
1977 erschienen ist, arbeitet Miller die versteckten, unbe-
wußten Motive des Erziehens heraus, die auch da wirksam werden, wo der Erwachsene ehrlich davon überzeugt ist, im
Interesse des Kindes zu handeln" ***). Die Textbeispiele
aus der "Schwarzen Pädagogik" liefern ihr überreiches
Material für die These: Da werden die grausamsten Züchti-
gungen, die entwürdigendsten Demütigungen und die härtesten
Strafen gegen Kinder von Pädagogen empfohlen, sogar zum Wohle
des Kindes gefordert. Ihr geht es um den Nachweis, daß jede

---

*)    Braunmühl, E. von: Antipädagogik.- Studien zur Abschaf-
                        fung der Erziehung. Weinheim/Basel
                        1975. Vergl. auch:
                        Braunmühl, E. von: Zeit für Kinder.
                        Frankfurt 1978.

**)   Miller, A.:   Das Drama des begabten Kindes und die Suche
                    nach dem wahren Selbst. Frankfurt 1979.

      Miller, A.:   Am Anfang war Erziehung. Frankfurt 1980.

      Miller, A.:   Du sollst nicht merken. Variationen über
                    das Paradies-Thema. Frankfurt 1981.

***)  Rutschky, K. (Hrsg.): Schwarze Pädagogik. Quellen zur
                    Naturgeschichte der bürgerlichen Erziehung.
                    Frankfurt, Berlin, Wien 1977.

Form von Erziehung von früh an dazu beiträgt, die Kinder von
sich selbst zu entfremden. Äußerlich angepaßt, aber innerlich
verletzt, tragen diese Kinder zeitlebens das Leid ihrer Kindheit in sich und sind dadurch weder zu wirklicher Lebendigkeit
noch zu einfühlsamen Umgang mit den eigenen Kindern fähig.
Es entsteht ein teuflischer Kreis: Weil Erziehung in Millers
Verständnis nichts anderes ist als die unbewußte Rache der Erwachsenen für die in der Kindheit selbst erlittenen Demütigungen und Kränkungen, setzt sich der unselige Kreislauf von Unterdrückung und Verletzung von Generation zu Generation fort. Und
dies gilt auch für eine Erziehung, die nach außen mit wenig
Zwang und Machtmitteln auskommt. Liberale Erziehungsformen ver-
wenden nur subtilere Mittel und machen es den Kindern dadurch
noch schwerer zu merken, was ihnen angetan wird.

Wenn auch die Hoffnung, es werde zwischen Kindern und Erwachsenen
alles wieder gut, wenn man sie abschaffe,die Erziehung, was in dieser radikalen Form ein wenig töricht erscheint, so ist es doch
notwendig, daß wir von der Antipädagogik auf die üblichen Formen der Demütigungen und des Mißverstehens von Kindern aufmerksam gemacht werden. Wer den Blick einmal geschärft hat, macht
ähnliche Beobachtungen Tag für Tag. Was wir aus den Anklagen
lernen können, ist die Einsicht, daß wir durch unseren Umgang
mit Kindern würdevolle Verhältnisse in der Welt verhindern oder
eben stiften können.

Nicht, daß wir meinen, Menschenrechte und Menschenwürde benötigen zu ihrer Verwirklichung nicht den philosophisch- weltanschaulichen Entwurf, das ideologische Programm und die politische Aktion. Wir sind in unserem Gedankengang vielmehr auf einen
zwar weniger machtvollen und spektakulären, aber dabei nicht
weniger Hoffnung verheißenden Handlungsbereich gestoßen, wenn
es darum geht, die Verwirklichung der Menschenrechte und die
Stiftung von Menschenwürde auf den Weg zu bringen: eben auf
die Beziehung zu unseren Kindern. Hier müßten wir doch in der
Lage sein, positiv etwas zu ändern. Jedenfalls sollten wir das
Alltägliche als Ansatz für Veränderung auf diesem Gebiet nicht
unterschätzen.

Freilich müssen wir hier die Mahnung der Antipädagogen ganz
ernst nehmen und nicht wieder falsche Hoffnungen auf die
Pädagogik setzen, etwa nach dem Motto: Die Pädagogik solle
einen neuen Menschen heranbilden, der erst gar keinen
Krieg wolle und erst gar keine, andere Menschen verachten-
de Vorurteile aufbaue; denn schließlich sei es weniger wahrscheinlich, daß Erwachsene, die ihr Leben auf die herrschenden Vorstellungen gegründet haben, ihre Einstellungen ändern, als daß Kinder sie erst gar nicht lernen. Die Kinder
seien daher das natürliche Veränderungspotential der Kul-
turen. In solchen Vorstellungen steckt wiederum der Kniff
und die List der Erwachsenen: Wer Kindern ein- und vorre-
det, daß und wie sie unsere Welt verändern sollen, hat sie
bereits wieder zu Funktionären seiner eigenen, meist ohn-
mächtigen Absichten degradiert. Pädagogik kann auch hier
zur großen Verführung werden, nämlich unsere Probleme
dort zu lösen, wo sich die Erwachsenen am wenigsten ändern müssen, in der Belehrung und Abrichtung ihrer Kinder.
Dies wäre erneut eine Nichtachtung des Kindes und die Friedlosigkeit zwischen den Generationen wäre nicht beendet.

Nein, wenn die Beziehung zu unseren Kindern eine würdevolle und eine Hoffnung verheißende Qualität erreichen soll,
dann dürfen wir uns nicht erneut hinter Erziehungsprogram-
men verschanzen, dann müssen wir uns vorbehaltlos auf die
Kinder einlassen, wir müssen sie achten und lieben. Achtung
und Liebe können dann aber zwei Leitbegriffe sein, wenn es
darum geht, das Beziehungsverhältnis von Kindern und Eltern
zu beschreiben. Achtung und Liebe sind nicht zufällig von
zwei Kinderfreunden zu Zentralbegriffen der Pädagogik erhoben worden, deren persönliche Haltung und deren sensibles
Einfühlungsvermögen Beweise dafür sind, welchen Zuwachs
an Friedfertigkeit und Würde eine Einstellung gegenüber
Kindern erbringen kann, die sich auf Achtung und Liebe gründet.

Ich meine Janosz Korczak und Astrid Lindgren. *)

Von Korczak, der in Verantwortung für die ihm anvertrauten Kinder den höchsten Preis zahlte, den ein Mensch für ein Ideal der Humanität zu zahlen imstande ist, indem er sie beim Abtransport ins KZ nicht verließ, stammt der verpflichtende Satz: "Das Kind wird nicht erst ein Mensch, es ist schon einer."

Wir meinen, weil das Kind klein und unerfahren ist, müßten wir ihm herablassend, demütigend begegnen. Wir achten das Kind gering, weil es noch nicht viel weiß, noch nicht scharfsinnig ist. Unsere Erziehung stützt sich auf die Unerfahrenheit, die Ohnmacht, die Besitz- und Rechtlosigkeit der Kinder. Dazu Korczak: "Mein Kind ist mein Eigentum, mein Sklave, mein Schoßhündchen. Ich kraule es hinter den Ohren, streichle ihm den Nacken, verziere es mit Schleifen, führe es spazieren, dressiere es, damit es aufgeweckt und manierlich ist, und wenn es mir lästig wird, sage ich: Geh Spielen! Nimm dir die Schulbücher vor! Geh endlich Schlafen! Wie reagiert das Kind? Es durchschaut dies alles und wartet auf die Zeit, da es die Betrüger entlarven kann, sich für die Jahre der Unfreiheit, für das gestohlene Vertrauen, für die erzwungene Zärtlichkeit, die entlockten Geständnisse, die anbefohlene Achtung rächen kann: Achten und Ehren diesen Erwachsenen? Nein! Verachten, verspotten und nichts vergessen! Kämpfen gegen die verhaßte Abhängigkeit."

Für Korczak ist es diese Ungleichheit des Umgangs, die zur ständigen Quelle der Friedlosigkeit zwischen den Generationen führt, und deshalb formuliert er seinen Grundsatz und widmet ihm eine lange Abhandlung: Das Kind hat ein Recht auf Achtung.
Achtung der Kinder heißt: Sich einlassen darauf, wie sie die Welt

---

*) Meine Ausführungen stützen sich auf folgende Werke und Beiträge der beiden Autoren:
Korczak, J.: Wie man ein Kind lieben soll. Göttingen 1967.
Korczak, J.: Das Recht des Kindes auf Achtung. Göttingen 1970.
Lindgren, A.: Das entschwundene Land. Hamburg 1977
Lindgren, A.: Ansprachen anläßlich der Verleihung des Friedenspreises des Deutschen Buchhandels. Frankfurt 1978.
Lindgren, A.: Erzählungen. Hamburg 1979.

erfragen, wie sie die Dinge ordnen.
Achtung der Kinder heißt: Sich einlassen auf die Dinge, die
für Kinder Bedeutung haben, die ihnen zugänglich sind, die
sie verstehen.
Achtung der Kinder heißt: Sich einlassen auf ihre Erfahrungen und ihre Handlungsbereiche, in denen sie ihr Glück finden und die sie gestalten können. Wie die Erwachsenen
hierbei den Kindern helfen können, davon handelt Korczaks
gesamtes Werk.
Achtung der Kinder heißt: Daß wir die Kinder sie selbst
sein lassen, daß wir ihr Leben nicht ständig an unserem messen, es eben nicht auf unsere Zwecke, Deutungen, Einteilun-
gen, Ordnungen ausrichten. Denn dies zu tun, ist die Mißachtung des Kindes, die Korczak unermüdlich aufdeckt und
tadelt und die sich rächen wird.

Aber: Achtung ist ein gegenseitiger Vorgang. Nur wer den
anderen achtet, kann selbst Achtung erwarten. Doch meist
ist der Vorgang nur einseitig: "Glaube mir, du wirst schon
sehen", sagen wir, oder: "Du mußt mir alles sagen, sonst
kann ich dir nicht vertrauen", oder: "Von dir hätte ich
das niemals erwartet. Also auch auf dich ist kein Verlaß.
Du hast also kein Vertrauen zu mir? Du brauchst mich nicht
mehr? Meine Liebe ist dir lästig? Uneinsichtiges Kind,
das vom Leben nichts weiß, armes, undankbares Kind". So
drehen wir unsere verletzte Liebe um und schaffen wieder
einen Grund zur Friedlosigkeit und wieder achten wir das
Kind gering, denn wir sind es, die die Kinder brauchen,
die Zärtlichkeiten bei ihnen suchen und Selbstbestätigung,
und wir zürnen ihnen, wenn sie uns nicht wiederlieben.
Korczak sagt dazu:"Du bist nicht deswegen empört, weil
du eine Gefahr für dein Kind wahrnimmst, sondern weil
es den Ruf deiner Anstalt gefährdet, deiner pädagogischen
Linie, deiner Person: Du bist um dich selbst besorgt."

Nein, Kinder achten, das kann für Erwachsene schmerzhaft
sein. Da muß jeder seinen Preis zahlen und etwas aufge-

ben: Die Eltern ihre Vorstellungen von harter Zucht und straffen Zügeln. Die Lehrer ihre Vorstellungen von längerem Hebel, an dem sie sitzen. Väter und Mütter ihre Vorstellungen von der ehrgeizigen Karriere. Der Vater sein festgelegtes Bild davon, wie und was sein Sohn einmal zu sein hat. Die Eltern ihre festen Vorstellungen vom langersehnten Wunschkind, wenn es den Wünschen nicht entspricht.

Achtung oder Mißachtung des Kindes, die jeweiligen Folgen für uns und unsere Welt sind unermeßlich, denn, so abschließend noch einmal Janoscz Korczak: "Ohne eine heitere, vollwertige Kindheit verkümmert das ganze spätere Leben. Die Wurzeln der Gewalt werden in der Kindheit gelegt oder ausgerottet". Die Hoffnung, daß wir eine gute Chance haben, Gewalt und Menschenverachtung wenigstens ein Stück weit zu überwinden, nämlich dann, wenn wir unseren Kindern eine heitere, vollwertige Kindheit ermöglichen, diese Hoffnung hat auch Astrid Lindgren in ihren Schriften immer wieder zum Ausdruck gebracht.

In der Grundvoraussetzung ist sie sich mit Janoscz Korczak einig: Die Erwachsenen müssen ihre Sicherheit, ihre Selbstgefälligkeit und ihre Nachlässigkeit in ihrem Verhältnis zu den Kindern aufgeben und das Recht des Kindes auf seine Eigenart anerkennen. Direkt an uns Erwachsene gewandt, hat Astrid Lindgren einmal gesagt: "Es müßte also ihre (der Erwachsenen) Sache sein, eine Welt der Geborgenheit, der Wärme und Freundlichkeit um den Wicht zu schaffen. Aber tun sie das? Viel zu selten tun sie es, so will es mir scheinen. Sie haben wohl keine Zeit. Sie sind voll und ganz davon in Anspruch genommen, den kleinen Wicht zu erziehen. Sie erziehen ihn beharrlich von früh bis spät. Es ist ihnen so verzweifelt viel daran gelegen, daß er schon von Anfang an genau wie ein Erwachsener auftritt, denn dieses EIN-KIND-SEIN ist doch wohl eigentlich ein sehr häßlicher Charakterzug, der mit allen Mitteln weggearbeitet werden muß".

In ihrer Dankesrede, anläßlich der Verleihung des Friedenspreises des Deutschen Buchhandels hat sie uns auf eine Handlungsmaxime aufmerksam gemacht, die es zu beachten gilt, wenn es darum geht,

eine Welt der Geborgenheit, der Wärme und Freundlichkeit um das
Kind zu schaffen, oder, wie Korczak es nannte, wenn es darum
geht, dem Kind eine heitere, vollwertige Kindheit zu ermöglichen.
Diese Handlungsmaxime lautet: Niemals Gewalt! Astrid Lindgren
fragt, ob es angesichts der vielen Gewalttaten in der Welt
denn keine Möglichkeit gäbe, uns zu ändern, bevor es zu spät
sei. Könnten wir es nicht vielleicht versuchen, eine ganz
neue Art Mensch zu werden? Wie aber sollte das geschehen und
wo sollte man anfangen? Ihre Antwort lautet: "Ich glaube, wir
müssen von Grund auf beginnen, bei den Kindern". Und dann
spricht sie mit uns über die Kinder. Über ihre Sorge um sie
und über ihre Hoffnung für sie. Sie fährt fort: "In keinem
neugeborenen Kind schlummert ein Samenkorn, aus dem zwangsläufig Gutes und Böses sprießt. Ob ein Kind zu einem warm-
herzigen, offenen und vertrauensvollen Menschen mit Sinn für
das Gemeinwohl heranwächst oder aber zu einem gefühlskalten,
destruktiven, egoistischen Menschen, das entscheiden die,
denen das Kind in dieser Welt anvertraut ist, je nachdem, ob
sie ihm zeigen, was Liebe ist oder aber dies nicht tun. ...
Ein Kind, das von seinen Eltern liebevoll behandelt wird und
das seine Eltern liebt, gewinnt dadurch ein liebevolles Verhältnis zu seiner Umwelt und bewahrt diese Grundeinstellung
ein Leben lang": Und dies sei auch dann gut, meint Astrid
Lindgren, wenn das Kind später nicht zu denen gehöre, die
das Schicksal der Welt lenken. Sollte das Kind aber wider Erwarten eines Tages doch zu diesen Mächtigen gehören, dann
sei es für uns alle ein Glück, wenn seine Grundhaltung durch
Liebe geprägt worden sei und nicht durch Gewalt. Und dann
schreibt sie den bedenkenswerten Satz: "Auch künftige Staats-
männer und Politiker werden zu Charakteren geformt, noch
bevor sie das fünfte Lebensjahr erreicht haben. Das ist er-
schreckend, aber wahr".

Der Rückblick auf die Methoden der Kindererziehung früherer
Zeiten macht auch sie deprimiert. Sie fragt: "Ging es dabei
nicht allzuhäufig darum, den Willen des Kindes mit Gewalt,
sei es psychischer oder physischer zu brechen? Wieviele Kinder

haben ihren ersten Unterricht in Gewalt ... von den eigenen Eltern erhalten und dieses Wissen dann der nächsten Generation
weitergegeben! Und so ging es fort. Wer die Rute schont, verdirbt den Knaben, heißt es schon im Alten Testament und daran
haben durch die Jahrhunderte viele Väter und Mütter geglaubt.
Sie haben fleißig die Rute geschwungen und das Liebe genannt".
Wie aber, so fragt sie weiter, war denn nun die Jugend und Kindheit aller dieser wirklich "verdorbenen Knaben", von denen es
zur Zeit so viele auf der Welt gibt? Dieser Diktatoren, Tyrannen
und Unterdrücker, dieser Menschschinder? Dem sollte man einmal
nachgehen, meint sie, und sie fährt fort: "Ich bin überzeugt
davon, daß wir bei den meisten von ihnen auf einen tyrannischen
Erzieher stoßen würden, der mit einer Rute hinter ihnen stand,
ob sie nun aus Holz war oder im Demütigen, Kränken, Bloßstellen,
Angstmachen bestand".

Um Mißverständnissen vorzubeugen, weist Astrid Lindgren darauf
hin, daß die Erziehung, die sie meine, nicht bedeute, daß man
die Kinder sich selbst überlassen dürfe, daß sie tun und lassen dürfen was sie wollen. Sie bedeute auch nicht, daß sie ohne
Normen aufwachsen sollen. Allerdings ist Astrid Lindgren der
Überzeugung, daß Kinder Verhaltensnormen eher durch das Beispiel
der Eltern lernen als durch irgendwelche anderen Erziehungsmaß-
nahmen. Und dann spricht auch sie - wie Korczak - von dem Recht
des Kindes auf Achtung: "Ganz gewiß sollen Kinder Achtung vor
ihren Eltern haben, aber ganz gewiß sollen auch Eltern Achtung
vor ihren Kindern haben und niemals dürfen sie ihre natürliche
Überlegenheit mißbrauchen. Liebevolle Achtung voreinander, das
möchte man allen Eltern und allen Kindern wünschen".

Jenen aber, die gegenwärtig wieder vernehmlich nach härterer
Zucht und strafferen Zügeln in der Erziehung rufen, erzählt sie
eine Begebenheit, die ihr eine alte Dame berichtet hat. Wegen
der Schlichtheit und Eindringlichkeit der Aussage möchte ich sie
hier im Textzusammenhang zitieren: Die alte Dame "war wohl noch
eine junge Frau zu der Zeit als man noch an diesen Bibelspruch
glaubte, dieses "Wer die Rute schont, verdirbt den Knaben".
Im Grunde ihres Herzens glaubte sie wohl gar nicht daran, aber
eines Tages hatte ihr kleiner Sohn etwas getan, wofür er ihrer

Meinung nach eine Tracht Prügel verdient hatte, die erste in
seinem Leben. Sie trug ihm auf, in den Garten zu gehen und selber nach einem Stock zu suchen, den er ihr dann bringen sollte.
Der kleine Junge ging und blieb lange fort. Schließlich kam
er weinend zurück und sagte: 'Ich habe keinen Stock finden
können, aber hier hast du einen Stein, den kannst du ja nach
mir werfen.' Da aber fing auch die Mutter an zu weinen, denn
plötzlich sah sie alles mit den Augen eines Kindes. Das Kind
mußte gedacht haben, 'meine Mutter will mir wirklich weh tun,
und das kann sie ja auch mit einem Stein'.

Sie nahm ihren kleinen Sohn in die Arme, und beide weinten eine
Weile gemeinsam. Dann legte sie den Stein auf ein Bord in der
Küche, und dort blieb er liegen als ständige Mahnung an das
Versprechen, das sie sich in dieser Stunde selbst gegeben hat-
te: NIEMALS GEWALT!"

Astrid Lindgren kommentiert die Geschichte folgendermaßen.
Sie beginnt mit einem Einwand: "Ja, aber wenn wir unsere Kinder nun ohne Gewalt und ohne irgendwelche straffen Zügel erziehen, entsteht dadurch schon ein neues Menschengeschlecht,
das in ewigem Frieden lebt? Etwas so Einfältiges kann sich
wohl nur ein Kinderbuchautor erhoffen! Ich weiß, daß das eine
Utopie ist. Und ganz gewiß gibt es in unserer armen, kranken
Welt noch sehr viel anderes, das gleichfalls geändert werden
muß, soll es Frieden geben. Aber in dieser unserer Gegenwart
gibt es - selbst ohne Krieg - so unfaßbar viel Grausamkeit,
Gewalt und Unterdrückung auf Erden, und das bleibt den Kindern
keineswegs verborgen. Sie sehen und hören und lesen es täglich,
und schließlich glauben sie gar, Gewalt sei ein natürlicher
Zustand. Müssen wir ihnen dann nicht wenigstens daheim durch
unser Beispiel zeigen, daß es eine andere Art zu leben gibt?"
Astrid Lindgren schließt ihre Rede mit dem Vorschlag: "Vielleicht wäre es gut, wenn wir alle einen kleinen Stein auf
das Küchenbord legten als Mahnung für uns und für unsere Kinder: NIEMALS GEWALT! - Es könnte trotz allem mit der Zeit
ein winziger Beitrag sein zum Frieden in der Welt."

Der entscheidende Anlaß für die alte Dame, ihr Verhalten zu überdenken und zu ändern, war wohl der, "daß sie alles mit den Augen
des Kindes sah". Darin drückt sich eine Kritik des traditionellen
Beziehungsverhältnisses aus, wonach der Erwachsene der Lehrende
und das Kind der Lernende ist. Daß Erwachsene vom Umgang mit Kindern den gleichen Nutzen haben, daß auch sie von Kindern lernen
können, das will ich im letzten Punkt meiner Ausführungen an-
sprechen.

Die Art und Weise, wie Kinder sich die Welt aneignen, das kann
z.B. auch für Erwachsene überlegenswert sein. Man kann von ihnen
Seinsmöglichkeiten lernen, die in einer Gesellschaft, welche sich
einseitig der kalkulierenden Ration verschrieben hat, leicht zu-
geschüttet werden. Als notwendige Korrektur zum automatisierten
Erwachsenenverhalten begreift beispielsweise Martin Doehlemann
in seinem Buch "Von Kindern lernen" die Wißbegierde von Kindern.
Er schreibt: "Grundlegende Fragen, die dem Erwachsenen oft gar
nicht mehr 'kommen', können von Kindern in das Erwachsenenleben
hineingetragen werden, und in dem Antworten gesucht werden, tragen die Großen nicht nur zu Bildung der Kleinen, sondern auch zur
Selbstbildung bei."*) Kinder scheinen tatsächlich der Bevölkerungs-
teil zu sein, der am hartnäckigsten nach den Ursachen der Erscheinungen fragt. Erwachsene können deshalb von den Kindern einen
autonomeren, authentischeren Umgang mit der Welt lernen. Sie werden von ihnen mit Wahrnehmungsformen konfrontiert, die ihnen die
Möglichkeit geben, zu erkennen, daß die gegebene Ordnung, die
eigenen Maßstäbe und Denkweisen gar nicht so fest und sicher sind,
wie es gemeinhin scheint. Kinder können ihr Mißtrauen gegenüber
den gewöhnlichen Sicherungen bestärken und ihren Möglichkeits-
sinn und ihre Phantasie provozieren. In dieser Weise haben zu
allen Zeiten Erwachsene auch von Kindern gelernt.

Hiermit ist nicht einer Infantilisierung das Wort geredet. Es
geht bei der Kenntnisnahme und Verarbeitung kindlicher Lebens-
äußerungen darum, sich von ihnen in ferne Welten einladen zu
lassen, in denen, wie Astrid Lindgren es einmal gesagt hat -
"einfache Dinge so seltsam und seltsame Dinge so einfach sind".

---

*) Doehlemann, M.: Von Kindern lernen. Zur Position des Kindes in
   der Welt der Erwachsenen. München 1979. S. 117

Ja, es gibt Anzeichen dafür, daß die Seh- und Denkweisen der
Kinder manchen intensiver und wirklungsvoller beeinflußt haben
als zurechtgelegte Philosophieversatzstücke.

Dies ist z.B. der Fall, wenn wir durch die vielen philosophi-
schen Fragen von Kindern zum Nachdenken gebracht werden. Für
Karl Jaspers sind die Fragen der Kinder "ein wunderbares Zeichen
dafür, daß der Mensch ursprünglich philosophiert". Das ist
z.B. auch der Fall, wenn uns die Kinder durch ihre dauernden
Verstöße gegen die Normen dazu bringen, deren Notwendigkeit
immer wieder zu überdenken. Ich zitiere noch einmal aus dem
Buch von Doehlemann: "Kinder entdecken mit ungefähr drei Jahren
ein Wörtchen, mit dem sie am Fundament der Erwachsenenwelt rüt-
teln und zugleich die erzieherische Allgewalt grundlegend er-
schüttern können .... Das Wörtchen heißt "warum" und läßt sich
beliebig mit jeder Erscheinung unserer Welt verbinden. Es ver-
wandelt einen Spaziergang in eine Reihe endloser Prüfungssi-
tuationen, in dem es den Alltag mit seinen tausend Selbstver-
ständlichkeiten gründlich durchlöchert... Das Warum läßt
nichts, was ist, als notwendig und natürlich gelten. Es macht
gleichzeitig klar, daß alles, was ist, auch anders sein könnte.
Warum fahren die Autos so schnell? Weil sie einen starken Motor
haben. Warum haben sie einen starken Motor? Weil sie so schnell
fahren können. - Die Rationalität der Erwachsenen entpuppt sich
als irrational.

Die Erwachsenen können sich die kindliche Warum-Penetranz nicht
leisten. Nicht nur, weil sie verdammt wenig wissen, sondern
auch, weil damit ihre Logik, die eben von dem "Weil-es-halt-
so ist" bestimmt wird, auseinanderkrachen würde. Also gibt es
ein frühzeitiges Warumverbot. Frag nicht so blöd! Das ist eine
Art kindlicher Radikalenerlaß, mit dem das Bestehende als richtig und vernünftig geschützt wird. Denn Vieles, was ist, kann
sich die Frage, warum es so ist und nicht anders, gar nicht
leisten". *)

Unser Umgang mit Kindern ist aber auch deshalb so schwierig

---

*) Doehlemann, M.: Die Phantasie der Kinder und was Erwachsene
         daraus lernen können. Frankfurt 1985. S. 67.

und belastet, weil Kinder von uns etwas wollen und erwarten,
was wir selbst nicht mehr haben, was aber für das authentische
Leben des Kindes so wichtig ist. So impliziert unsere Achtung
vor den Dingen fast immer eine Nichtachtung des Kindes. Kinder
wollen von uns Zeit. Uns aber geht die Zeit verloren, wir haben
keine Zeit. Kinder suchen Muße. Wir aber sind vom Streß geplagt.
Kinder fordern von uns Nerven, die benötigen wir aber dringend im
beruflichen Alltag. Kinder lieben das erlebnisstarke Gespräch,
wir bevorzugen die knappe Information. Kinder lieben Phantasie,
wir die Funktionalität. Kindern fordern das kreative Spiel, wir
bevorzugen das Amusement. Aber es gilt auch: Kinder können bei
Vätern verlorengegangene Dimensionen der Zärtlichkeit neu ent-
fachen. Kinder können aber auch bei Müttern politisches Bewußtsein und politisches Engagement auslösen, das alles diskriminie-
rende Gerede von der Nur-Hausfrau Lügen straft. Es ist wohl so,
bei intensivem Umgang mit Kindern mag uns die Erkenntnis kommen,
daß unser Verständnis für uns selbst verkümmert, wenn wir den
Kontakt zur Kindheit und zum Kind verlieren. Erich Kästner sagt
in seiner "Ansprache zum Schulbeginn": "Schaut, die meisten Menschen legen ihre Kindheit ab wie einen alten Hut. Sie vergessen
sie wie eine Telefonnummer, die nicht mehr gilt .... Nun, die
meisten leben so. Früher waren sie Kinder, dann wurden sie Erwachsene, aber was sind sie nun? Nur wer erwachsen wird und Kind
bleibt - ist ein Menschen". *)

Vielleicht spielen die Kinder in der Erwachsenenentwicklung eine
ähnlich bedeutende Rolle, wie wir Erwachsene in der Entwicklung
unserer Kinder. Kinder können Erwachsene aber nicht nur an verlorengegangene Sprachwelten, Spiel- und Phantasiewelten erinnern.
Jedes Kind, das geboren wird, fordert von uns ein Stück Hoffnung,
ein Stück Bejahung, ein Stück Zukunft. Jedes Kind ist eine Chance
im Überwinden unserer Trägheit und unserer Resignation. Jedes
Kind ist eine Chance im Stiften von Verläßlichkeit und Freundlich-

---

*)  Kästner, E.: Ansprache zum Schulbeginn. In: Das Erich
        Kästner Lesebuch. Hersg. von Christian Strich.
        Zürich 1978.

146

keit in der Welt. Ob sich die Welt zum Besseren wendet, ob in
ihr Menschlichkeit und Menschenwürde herrschen, das hängt auch
von unserem Verhältnis und von unserer Beziehung zu unseren
Kindern ab. Dies vorausgesetzt, sollten wir die Mahnung Astrid
Lindgrens ganz ernst nehmen: "Fordert eure Kinder nicht zum
Zorn heraus! Behandelt sie mit derselben Rücksicht, die ihr
euren Mitmenschen zwangsläufig zeigen müßt. Gebt den Kindern
Liebe, mehr Liebe und noch mehr Liebe, dann kommt die Lebensart von selbst".

## Literaturauswahl

Aries, Ph.: Geschichte der Kindheit. München 1975.

Bauer, K./Hengst, H. (Hrsg): Kritische Stichwörter zur Kinder-
kultur. München 1978.

Braunmühl, E. von: Antipädagogik. Studien zur Abschaffung der Erziehung.
Weinheim/Basel 1975.

Braunmühl, E. von: Zeit für Kinder. Frankfurt 1978.

De Mause, L.: Hört ihr die Kinder weinen? Eine
psychogenetische Entwicklungsge-
schichte der Kindheit. Frankfurt 1977.

Doehlemann, M.: Von Kindern lernen. Zur Position
des Kindes in der Welt der Er-
wachsenen. München 1979.

Doehlemann, M.: Die Phantasie der Kinder und was
Erwachsene daraus lernen können.
Frankfurt 1985.

Farson, R.: Menschenrechte für Kinder. Die
letzte Minderheit. München 1975

Hengst,H. umd Köhler, M.
(Hrsg.) : Kindheit als Fiktion.
Frankfurt 1981.

Hentig, H. von:            Arbeit am Frieden. Übungen im Überwin-
                           den der Resignation.
                           München/Wien 1987.

Kohlhammer, M. und
Mai, M. (Hrsg).:           Das Land der Kinder mit der Seele
                           suchen. Stuttgart 1984.

Holt, H.:                  Zum Teufel mit der Kindheit. Über die
                           Bedürfnisse und Rechte von Kindern.
                           Wetzlar 1984.

Korczak, J.:               Wie man ein Kind lieben soll.
                           Göttingen 1967.

Korczak, J.;               Das Recht des Kindes auf Achtung.
                           Göttingen 1970.

Lindgren, A.:              Das entschwundene Land.
                           Hamburg 1977.

Lindgren, A.:              Ansprachen anläßlich der Verleihung des
                           Friedenspreises des Deutschen Buchhan-
                           dels. Frankfurt 1978.

Lindgren, A.:              Erzählungen. Hamburg 1979.

Miller, A.:                Das Drama des begabten Kindes und die
                           Suche nach dem wahren Selbst.
                           Frankfurt 1979.

Miller, A.:                Am Anfang war Erziehung.
                           Frankfurt 1980.

Miller, A.:                Du sollst nicht merken. Varationen über
                           das Paradies-Thema. Frankfurt 1981

Oelkers, J. und
Lehmann, Th.:              Antipädagogik: Herausforderung und
                           Kritik. Braunschweig 1983.

Packard, V.;               Verlust der Geborgenheit. Unsere kinder-
                           kranke Gesellschaft.
                           Bern/München 1984.

Rutschky, K. (Hrsg.):      Schwarze Pädagogik. Quellen zur Naturge-
                           schichte der bürgerlichen Erziehung.
                           Frankfurt/Berlin/Wien 1977.

Schoenebeck, H. von:       Unterstützen statt Erziehen. Die neue
                           Eltern-Kind-Beziehung. München 1982.

Trube-Becker, E.:          Gewalt gegen Kinder. Vernachlässigung,
                           Mißhandlung, sexueller Mißbrauch und
                           Tötung von Kindern.
                           Heidelberg 1982.

Die Würde der Kinder am Rande der Gesellschaft

==================================================

von Hedwig Wedi und Ludwig Breu

Hewig Wedi, geboren am 07.12.1934,
von 1940 - 1950 Schulbesuch,
von 1950 - 1953 Lehre als Fotografin,
von 1953 - 1965 berufstätig in verschiedenen
                Fotogeschäften,
von 1965 - 1967 Praktikantin im SOS Kinderdorf
                "Schwarzwald",
ab   1967       Kinderdorfmutter im SOS Kinderdorf
                "Lippe". Berufsbegleitend Ausbil-
                dung als staatlich anerkannte Er-
                zieherin.


Ludwig Breu, geboren am 03.11.1960,
von 1967 - 1979 Schulbesuch,
von 1979 - 1981 Zivildienst bei der Lebenshilfe,
seit 1981       Studium Germanistik/Philosopie,
                2. Studium Psychologie/Soziologie.

Ich möchte zuvor darauf hinweisen, daß dieses mein erstes Referat ist, das ich vor großer Öffentlichkeit halte. Ich bitte deshalb um Ihr Verständnis und um Nachsicht für Mängel und Nervosität.

Vorab noch etwas zu meiner Person. Ich arbeite seit 20 Jahren als Kinderdorfmutter im SOS-Kinderdorf Lippe, das in der Gemeinde Schieder-Schwalenberg liegt. In unserem Haus leben wir zur Zeit zu sechst, und zwar ein Kind im Alter von 11 Jahren sowie 4 Jugendliche im Alter von 15 - 22 Jahren und ich als Pflegemutter. Sechs weitere Kinder sind dem Haus entwachsen. Zu allen besteht ein guter Kontakt. Drei weitere Kinder waren für drei Jahre befristet bei uns, da die Eltern eine Haftstrafe verbüßen mußten.

Ich spreche zu Ihnen also als Praktikerin, als jemand, dem es in dem oft mühsamen, ebenso oft aber auch beglückenden Alltag des hautnahen Zusammenlebens mit entwurzelten, verlassenen, benachteiligten Kindern und Jugendlichen nur ganz selten vergönnt ist, über die Würde der Kinder am Rande der Gesellschaft theoretisch zu reflektieren. Meine Aufgabe ist, Kinder, deren Würde häufig tief verletzt wurde, die oft unter menschenunwürdigen Bedingungen leben mußten, anzunehmen, ihnen ein Zuhause zu geben und mit ihnen zusammen ihre Verletzungen, Ängste und Enttäuschungen zu teilen und aufzuarbeiten. Als Praktikerin werde ich deshalb auch nicht von den Kindern am Rande der Gesellschaft sprechen, sondern in erster Linie von unseren Kindern, die in unserem Kinderdorf leben, und vor allem werde ich sprechen von meinen Kindern. Und wenn ich sage meine Kinder, dann sage ich dies nicht in einem besitzergreifenden Sinne, sondern in dem Sinne, daß ich mich für sie - stellvertretend für Eltern, die dazu aus den verschiedensten Gründen nicht in der Lage sind - voll verantwortlich weiß. Sie alle waren - ehe sie zu uns kamen - Kinder am Rande der Gesellschaft.

Lassen Sie mich aber zunächst doch einen kurzen Blick werfen auf unsere Gesellschaft, die im Makro- und Mikrobereich in

einem bisher vielleicht noch nie dagewesenen Ausmaß die Würde
des Menschen, sagen wir deutlicher das Überleben der Menschheit bedroht.

## Die Würde der Kinder am Rande der Gesellschaft

"Trotz fortschrittlicher Technik übersteigen die Probleme
der Welt allmählich das menschliche Fassungsvermögen, so daß
es immer schwieriger wird, dem Verfall der Institutionen und
der Umwelt, der Frustration, Intoleranz und Gewalt erfolgreich entgegenzuwirken. Die Lage der Menschheit hat sich
radikal verändert und sie verschärft sich ständig durch den
geradezu paradoxen Widerspruch zwischen dem immensen technischen, wissenschaftlichen, finanziellen und ökologischen
Potential der modernen Gesellschaft und ihrem offensichtli-
chen Mangel an moralischer und politischer Kapazität, dieses
Potential für die Verbesserung der irdischen Lebenswelt sinnvoll zu nutzen. Die eigentliche Ursache dieser globalen Krise,
die das Überleben der Menschheit gefährdet und gleichzeitig
der einzige Schlüssel für ihre Überwindung ist der Mensch.
Wir selbst sind gemeint, und es geht nicht länger an, die
Verantwortung dafür, wie unsere Kinder und Enkel leben werden,
auf anonyme Mächte abzuwälzen, auf die Natur, auf die Geschichte, auf vermeintliche oder tatsächliche Sachzwänge oder auf
den Zufall." Dies ist die Kernaussage der Studie des Club of
Rome 'The Human Gap', frei übersetzt "Das menschliche
Dilemma" (Zit. nach Conrad 1985, S. 3).

Was hier als eine globale Krise angesprochen wurde, ist sicherlich mehr als nur ein weltweit materielles Problem. Es ist vor
allem eine Frage unserer moralisch-ethischen Kapazität, wie
der Bericht ja selbst sagt, unserer Verantwortungsbereitschaft
für unsere Erde, deren Söhne und Töchter wir sind, und nicht
deren Herren, und die uns leihweise von unseren Kindern und
Enkeln überlassen wurde. Wie werden unsere Kinder und Enkel
also leben?

"Wenn die heute Geborenen etwa um das Jahr 2005 die Schule verlassen, werden sie die Erde mit über sechs Milliarden Menschen teilen müssen und am Ende ihres Lebens vermutlich gar mit zwölf. Das ist eine fast apokalyptische Vorstellung; wenn überhaupt, dann kann man sich ein halbwegs friedliches Zusammenleben dieser Menschenmassen nur vorstellen, wenn die Fähigkeit zu Mitmenschlichkeit und Solidarität zu ihren wesentlichen Verhaltensweisen gehören werden." Dies schreibt Conrad (1985, S. 9) im Vorwort der von ihm herausgegebenen Schrift "Eine Gesellschaft verdirbt ihre Kinder".

Es ist Ziel dieses Referates, an verschiedenen Beispielen deutlich zu machen, wodurch Kindern die Einübung in Liebe, Toleranz und Solidarität erschwert und oft sogar unmöglich gemacht wird. Dies weist implizit darauf hin, was zu tun ist, damit diesen Kindern Vertrauen zu sich und zur Umwelt wiedergegeben werden kann.

Wer sind die Kinder, die am Rande der Gesellschaft aufwachsen?

Zunächst einige Zahlen: Nach neuesten Schätzungen hungern in der Dritten Welt mindestens 460 Millionen Menschen. Eine noch größere Zahl leidet unter akuten Formen von Fehl- und Unterernährung. Etwa 40 % der Hungernden sind Kinder. Über eine Milliarde Kinder leben gegenwärtig auf der Erde; etwa 650 Millionen von ihnen haben kaum eine Chance, das Erwachsenenalter zu erreichen, während in der BRD tonnenweise Nahrungsmittel verkommen oder aus wirtschaftlichen Gründen vernichtet werden.

Unmengen Medikamente werden in Deutschland in Giftmülldeponien vernichtet, während in den Entwicklungsländern tausende Kinder sterben, weil den Ärzten die lebenserhaltenden Medikamente für ihre Versorgung fehlen.

Aber nicht nur der Mangel an ausreichender Nahrung bedroht viele Familien in der Welt in ihrer Existenz: So haben z.B. Kriege und politische Konfrontationen, insbesondere in Mittelamerika und Südostasien, ein massives Flüchtlingsproblem verursacht und damit eine Generation verwaister, zukunftsloser Kinder hervorgebracht.

46.000 Flüchtlinge gibt es derzeit z.B. in Honduras. Sie
leben in 6 großen Lagern. Eine große deutsche Illustrierte
berichtete kürzlich über eines dieser Flüchtlingslager in
Mesa Grande. Dort leben allein 5000 Kinder! Es gibt kein Geld,
keinen Strom, keine Freiheit. Niemand darf das Lager verlassen. Viele der Kinder wurden unter den Wellblechdächern von
Mesa Grande geboren. Rund 4 km Stacheldraht und 5 Militär-
posten umzingeln das Lager, wahrlich Schauplatz einer trost-
losen Welt des Kindes. Die Gassen zwischen den Baracken sind
eng und dreckig. Hier keimen alle Infektionskrankheiten. Die
Kinder sind besonders anfällig. Monat für Monat wird der Fried-
hof am Rande des Lagers immer größer. In jedem dritten Grab
findet dort ein Kind seine letzte Ruhe: Kinder für die es
kein Leben vor dem Tod gab, geschweige denn ein Leben in
menschlicher Würde.

Daß hier die Würde von Kindern verletzt, ihr unveräußerliches
Recht auf ein menschenwürdiges Dasein mit Füßen getreten wird,
bedarf keiner weiteren Worte. Bilder, die an Ausschwitz und
Treblinka erinnern, an Orte also, wo im Namen einer verbreche-
rischen Rassenideologie tausendfach Leben von Kindern als nicht
lebenswert deklariert und brutal vernichtet wurde. Ich erwähne
hier ganz bewußt auch das KZ Treblinka, in dem 1942 der große
polnische Kinderarzt und Pädagoge Janusz Korczak als Leiter
des Warschauer Waisenhauses zusammen mit seinen jüdischen Wai-
senkindern ermordet wurde. Er zeigte damit in einer beispiels-
losen Tat, wohin es führen kann, sich für die Würde von Kindern am Rande der Gesellschaft zu verbürgen: Er ist mit seinen
Kindern in die Gaskammer gegangen, obwohl man ihm die Freilas-
sung angeboten hatte.

Ausschwitz ereignete sich im "Jahrhundert des Kindes", das von
der großen schwedischen Pädagogin Ellen Key in ihrem gleich-
namigen 1900 erschienenen Buch herbeigesehnt wurde. Dieses Buch
hat besonders in Deutschland großes Aufsehen erregt. Sein Titel
wurde zum Schlagwort der Zeit. Ellen Key plädierte in ihrem
Buch für eine Pädagogik "vom Kind aus" und predigte heilige
Ehrfurcht vor dem Kind.

Sicherlich würden wir es uns leicht machen, wenn wir angesichts
der Not der Kinder in der dritten Welt, den Blick vor der Situation vieler Kinder in unserem Land verschließen würden. Was zeigt
sich bei uns, die wir von solch unmittelbar existenzbedrohenden
Verhältnissen nicht betroffen sind?

Im JWG § 1 heißt es: "Jedes deutsche Kind hat ein Recht auf Erziehung zur leiblichen, seelischen und gesellschaftlichen Tüch-
tigkeit." Oder im Grundgesetz, Artikel II, Absatz 2: "Jeder hat
das Recht auf Leben und körperliche Unversehrtheit. Die Freiheit
der Person ist unverletzlich".

Wie sieht die Realität aus? In der Bundesrepublik gibt es jährlich ca. 1400 Fälle von Kindesmißhandlung. Hierbei ist aber zu
bedenken, daß es sich nur um die Fälle handelt, in denen krimi-
nalpolizeilich ermittelt wird. Tatsächlich wird man von einer
hohen Dunkelziffer ausgehen müssen, und zwar aus folgenden Gründen:

- Nicht alle Mißhandlungen führen zu Verletzungen, so daß nicht
  in jedem Fall ärztliche Betreuung erforderlich ist.
- Viele Eltern bringen ihre Kinder bei Verletzungen zu spät oder
  überhaupt nicht zum Arzt.
- Besonders Eltern aus der Mittelschicht deklarieren häufig die
  Mißhandlungen als Unfälle.
- Oder die Eltern wechseln Ärzte und Krankenhäuser, um wiederholte Verletzungen zu verheimlichen.
- Viele Ärzte schrecken davor zurück, den Fall als Mißhandlung
  der Polizei oder dem Jugendamt zu melden. Einmal, weil sie
  sich durch die ärztliche Schweigepflicht gebunden fühlen, zum
  anderen befürchten sie, daß Eltern, die erfahren, daß der Arzt
  Jugendamt oder Polizei eingeschaltet hat, in Zukunft noch weniger bereit sind, die Verletzungen des Kindes beim Arzt behandeln zu lassen.

Der Kinderschutzbund spricht von ca. 15.000 Kindern, die jährlich
mißhandelt werden. Davon sterben ca. 100 Kinder an den Folgen
der Mißhandlung.

Ich möchte einen Fall schildern, den ich als Praktikantin
im SOS-Kinderdorf Schwarzwald erlebt habe:

Hans wurde im Alter von 6 Jahren wegen starker Mißhandlung
durch den Vater in das Kinderdorf gebracht. Dort zeigte er
die Eigenart, daß er immer an den Wochenenden ohne erkennba-
ren äußeren Anlaß stark erbrach. Er wurde daraufhin zur
stationären Beobachtung in eine psychosomatische Klinik
überwiesen. Der behandelnde Arzt ermittelte, daß Hans besonders an den Wochenenden von seinem betrunkenen Vater stark
mißhandelt worden war. So hatte der Vater z.B. oft brennende
Zigaretten am Körper des damals Fünfjährigen ausgedrückt.

Ich muß sicher nicht darauf hinweisen, daß diese Kinder
durch solch gravierende Erfahrungen häufig nicht mehr in
der Lage sind, ein vertrauensvolles Verhältnis zu Erwachsenen aufzubauen. Spätfolgen sind dann Verhaltensstörungen,
Kontaktarmut, Aggressivität.

In den ermittelten Fällen von Kindesmißhandlung nehmen Straf-
rechtsdelikte nach § 176 des StGB (sexueller Mißbrauch von
Kindern unter 14 Jahren) den größten Raum ein. So wurden im
Jahr 1982 12.400 Fälle bekannt. Die Täter sind in den meisten
Fällen männlich. In ca. 9 von 10 Fällen sind die Opfer Mäd-
chen.

Auch hierzu ein Beispiel aus der Praxis:

Die fünfjährige Wibke wurde auf Antrag der Kindesmutter ins
Kinderdorf Schwarzwald gebracht. Wibkes Schwester - damals
14 Jahre alt - bekam fast gleichzeitig mit der Kindesmutter
ein Kind. Der Kindesvater von Wibke hatte Mutter und Tochter
geschwängert. Wibkes Mutter erklärte: Diesem Mädchen soll
das erspart bleiben.

Engfer schreibt in ihrem Buch "Kindesmißhandlungen":
"die psychischen Probleme sind vor allem schwerwiegend,
wenn Kinder als Töchter vom Vater oder Stiefvater mißbraucht
und gewaltsam zum Schweigen gezwungen werden; wenn ihnen unter

Drohung die Verantwortung für das Zerbrechen der Familie aufgebürdet wird, und wenn sie sich von ihrer Umwelt, vor allem von ihrer Mutter im Stich gelassen fühlen" (1986, S. 75).

Durch solche Handlungen der Gewalt oft selbst überforderter, alleingelassener, hilfloser Eltern werden Kinder an den Rand der Gesellschaft gedrängt. In unseren SOS-Kinderdörfern werden immer wieder mißhandelte und sexuell mißbrauchte Kinder aufgenommen.

Wenn von Kindesmißhandlung die Rede ist, denken wir zunächst an die Kinder, denen körperlicher Schaden zugefügt wurde. Kindesmißhandlung ist es aber auch, wenn Kinder grob vernachlässigt werden, wenn ihnen das normale Maß an Fürsorge (Nahrung, Kleidung, emotionale Zuwendung, gesundheitliche Betreuung) vorenthalten wurde. Wo immer das Recht der Kinder auf Leben, Erziehung und wirkliche Förderung nachhaltig beschnitten wurde, muß von Kindesmißhandlung geprochen werden. Die Zahl der vernachlässigten Kinder wird um 3-5mal höher geschätzt als die der körperlich Mißhandelten. Die Ursache sind häufig Überforderung der Eltern, Arbeitslosigkeit, Alkoholmißbrauch, mangelnde Wohnverhältnisse.

Lassen Sie mich auch kurz auf eine Gruppe von Kindern am Rande unserer Gesellschaft zu sprechen kommen, die in keiner veröffentlichten Statistik erscheint und die wir weitgehend aus unserem Bewußtsein verdrängt haben: Die Kinder arbeitsloser Eltern.

Der Hauptausschuß des Deutschen Bundesjugendringes (DBJR) hat sich mit der Situation der Kinder arbeitsloser Eltern beschäftigt. In einem Beschluß dazu vom 2.4.1987 heißt es (Zit. nach Forum Jugendhilfe, 2/87, S. 44): "Eine Auswertung der veröffentlichten Statistiken ergibt, daß bezogen auf ein Jahr etwa zwei Millionen Kinder mittelbar von der Arbeitslosigkeit ihrer Eltern betroffen sind. Welche Folgen der Zwang zum Sparen und die materielle Not in Folge von Arbeitslosigkeit der Eltern für die Kinder haben kann, wird schon aus wenigen Untersuchungen deutlich, die sich damit beschäftigen.

- Abstriche oder Wegfall des Taschengeldes
- Kinder können zum Teil an bestimmten schulischen Veranstaltungen (Klassenfahrten etc.) nicht mehr teilnehmen
- die Finanzierung von Lehr- und Lernmittel wird immer schwieriger
- Engpässe in der Finanzierung des Kindergartenbeitrages
- Absage von Kuren, weil die notwendigen Voraussetzungen (Kleider, Koffer etc.) nicht finanziert werden können
- Verlust der Wohnung und Abdrängen in Obdachlosenasyle und
- (teils massive) Einschränkung bei Kleidung, Nahrung (!), Freizeitgestaltung und Spielsachen.

Schlimmer als die unmittelbaren finanziellen Folgen sind die sozialen Folgen des Geldmangels der Familie für die Kinder. Vielfach werden Kinder arbeitsloser Eltern von Gleichaltrigen ausgegrenzt oder ziehen sich selbst zurück, um ihre Armut zu vertuschen. Arbeitslosigkeit isoliert, sie macht stumm. Dies ist ein Ergebnis der Erwachsenen-Arbeitslosenforschung, daß auch für die betroffenen Kinder gilt .

Mit der zunehmenden Verarmung vieler Arbeitslosenfamilien scheinen immer mehr Kinder genötigt zu sein, ihre Arbeitskraft als Ware zu verkaufen. Entweder, um im Freundeskreis mithalten zu können oder gar um die Löcher in den Haushaltskassen etwas kleiner zu machen. Selbstverständlich leiden die schulischen Leistungen, Schulabschlüsse werden gefährdet, ein zusätzlicher Schritt in die eigene Arbeitslosigkeit ist damit getan.

Nicht nur die materiellen Lebensverhältnisse der Familie, sondern auch die psychische Verfassung der Eltern sind für eine Eltern-Kind-Beziehung von wesentlicher Bedeutung. Gerade diese kann durch die psycho-sozialen Auswirkungen der Arbeitslosigkeit zerrüttet werden. Arbeitslose zeigen im Vergleich zu Beschäftigten höhere Krankheitsraten, verstärkte Suizidgefährdung, verminderte Selbstwertgefühle, erhöhte Ängstlichkeit, depressive Tendenzen, soziale Isolierung, verstärkte Aggressivität, Hilflosigkeit und Gefühle der Abhängigkeit. Der Druck der Arbeitslosigkeit auf die betrof-

fenen Familien kann sich bei Kindern durch erhöhte Nervosität
bis zu nervösen Schlafstörungen, Konzentrationsschwäche, Stottern,
autoaggressives Verhalten, emotionale Labilität und bei Klein-
kindern durch Bettnässen äußern."

Familien - und nicht nur von Arbeitslosigkeit betroffene -
sind heute vielfach materiell und psychisch überfordert. Sie
haben ihre gewachsene Stabilität verloren. Das beweisen meiner
Meinung nach die deutlich kürzer andauernden Paarbeziehungen
und die sich mehr und mehr verschärfenden Gegensätze zwischen
den Generationen. Wenn aber der Dialog zwischen den Generationen
starr wird, können die für die Weiterentwicklung der Gesellschaft
notwendigen Erfahrungen nicht vermittelt werden. Eine Zeit, die
wesentlich geprägt ist von Wettbewerb- und Konkurrenzdenken
trägt dieses auch in die zwischenmenschlichen Beziehungen. Ich
meine dennoch, daß für die Familie die Chance besteht, alternative Denkansätze und Verhaltensweisen weiterzutragen, die an
Kooperation, Liebe und Toleranz orientiert sind. In der Familie
finden die ersten wichtigen Vermittlungen dessen statt, was
wir Mitmenschlichkeit und Vertrauen nennen. Der Heranwachsende
wird aber nur das später wiederum weitertragen, was er erfahren
hat. Wie also soll er dieses leisten, wenn Vertrauen und Verantwortungsbereitschaft in ihm nicht wachsen können, weil er früh
das Verlassensein erfährt, weil ihm Gewalt angetan wird, weil
die Eltern keine Zeit für ihn haben? Wie kann er so die Erfahrung machen, daß es die Gemeinsamkeit, die Freunde sind, die
die Kontinuität des eigenen Lebens ausmachen?

Gerade in den Situationen der Überforderung von Familien muß
m.E. die Hilfe beginnen. Wenn auch in den letzten Jahren hier
schon einiges getan wurde, so bin ich doch der Meinung, daß
angesichts der immer noch hohen Zahlen von Kindesmißhandlungen
und Vernachlässigungen die Hilfe bei weitem nicht ausreicht
oder vor allem häufig viel zu spät einsetzt. Die zunehmende
Belastung von Familien erfordert einen stärkeren Ausbau fami-
lienunterstützender Leistungen im Rahmen des JWG. Dieser Anspruch wird auch im Ende vergangenen Jahres erschienenen
7. Jugendbericht "Jugendhilfe und Familie" ganz klar erhoben,

wo es heißt: "Familienbezogene Leistungen der Jugendhilfe
müssen in einer Neufassung des Jugendwohlfahrtsgesetzes so
gestaltet werden, daß ihre unterstützende Bedeutung für öffentlichkeit, Leistungsträger und Familien erkennbar ist und eindeutig verstanden wird..... Es muß klar zum Ausdruck kommen,
daß in einer demokratischen, solidarischen Gesellschaft alle
Kinder und Jugendlichen ohne Unterschied ein Anrecht auf
Unterstützung ihrer individuellen und sozialen Entfaltung
sowohl innerhalb wie außerhalb ihrer Familien haben. Eine
solche Unterstützung kann und darf nicht davon abhängig gemacht werden, daß ihre Entwicklung bereits gefährdet wird oder
beeinträchtigt worden ist." (Deutscher Bundestag 1986, S. 51).
Und weiter: "Eine wesentliche Voraussetzung dafür ist die Befreiung des Jugendwohlfahrtsgesetzes von noch vorhandenen
Vorstellungen und Begriffen, die weiterhin einen Vorrang
staatlicher Eingriffe und Maßregeln vermitteln. Wenn Familien Leistungen der Jugendhilfe gewährt werden, dann darf
dies nicht einschließen, daß sie sich als grundsätzlich "gestört", "unfähig" oder in anderer Weise abwertend kennzeich-
nen lassen müssen. Vielmehr darf kein Zweifel daran aufkommen,
daß es durchaus zur Normalität des Lebens von Familien unserer
Zeit gehört, bei unvermeidlichen und unvorhersehbaren Krisen
und Belastungen Hilfe in Anspruch zu nehmen." (Deutscher Bundestag 1986, S. 52).

Hier wird also sehr engagiert an die Praxis der Jugendhilfe
appelliert, mit ihren Hilfsangeboten nicht Kinder, Jugendliche
und deren Familien auszugrenzen, zu gesellschaftlichen Rand-
gruppen erst zu machen, indem sie als gestört, unfähig stigma-
tisiert werden.

Die Würde der Kinder am Rande unserer Gesellschaft ist demnach
von der Würde ihrer oft so problembelasteten Eltern nicht zu
trennen. Es gilt also, die richtigen Hilfen rechtzeitig so
parat zu haben, daß vorübergehende Notlagen nicht zu einem
Abgleiten in die soziale Randständigkeit führen. Eine Möglichkeit sehe ich in der Sozialpädagogischen Familienhilfe, von

der in dem 7. Jugendbericht der Bundesregierung zu lesen ist:
"Sozialpädagogische Familienhilfe, bei der Fachkräfte längerfristig
am alltäglichen Leben einer Familie beteiligt sind, muß ein fester
Bestandteil der Jugendhilfe werden und auf der Grundlage der bis-
herigen Erprobung ausgebaut werden. Sie kann bei Familien, in
denen die Entwicklungsbedürfnisse eines oder mehrerer Kinder erheb-
lich Not leiden, oft die Trennung von Eltern und Kindern vermeiden helfen und die Handlungskompetenz solcher Familien stärken
bzw. wiederherstellen. Nachdem sich die Wirksamkeit dieser Hilfe
erwiesen hat, sollte sie allerdings nicht länger durch Mitarbei-
ter/innen geleistet werden, die nur vorübergehend aufgabenbezogen
angestellt sind, vielmehr als ein Dienst (Sozialpädagogischer
Familiendienst) mit hauptamtlichen Mitarbeiter/innen institutiona-
lisiert werden." (Deutscher Bundestag 1986, S. 55).

Wenn ich in den Kinderakten lese, frage ich mich häufig, was muß
alles geschehen, ehe einem Kind Hilfe zuteil wird, wobei ich meine,
daß vielen Kindern ein Heimaufenthalt erspart bliebe, wenn durch
frühzeitige Intervention in der Familie dem vorgebeugt würde.

Von den ca. 82.000 Kindern, die zur Zeit in der Bundesrepublik im
Rahmen der 'Hilfe zur Erziehung' (gem. §§ 5 und 6 JWG) betreut
werden, leben 36.000 Kinder in Heimen, 46.000 in Pflegefamilien.


Was sind das für Kinder, die heute in Fremderziehung leben?

Einfachheitshalber möchte ich mich hierbei auf Zahlen und Fakten
aus den SOS-Kinderdörfern in der Bundesrepublik beschränken (vgl.
Then 1985).

Unsere Kinder sind nicht, wie häufig angenommen wird, Vollwaisen.
Bei 67 % leben zur Zeit der Aufnahme noch beide Eltern. 20 %
sind Halbwaisen, 8 % Vollwaisen, während bei 5 % der Kinder die
Herkunft ungeklärt ist. Das bedeutet, der größte Teil unserer
Kinder und Jugendlichen muß sich damit auseinandersetzen, daß

160

ihre Eltern - warum auch immer - nicht für sie sorgen oder sorgen können. Ein Problem, welches für diejenigen, die in Familien aufgewachsen sind, nur schwer zu verstehen oder nachvoll-
ziehbar ist.

Eines meiner Kinder sagte einmal: "Ich bin froh, daß meine Mutter gestorben ist, so kann ich wenigstens glauben, sie hätte
für mich gesorgt."

89 % wurden nach §§ 5 und 6 JWG aufgenommen
 2 % nach § 39 des Bundessozialhilfegesetzes
 8 % nach §§ 62 und 64 JWG.

2/3 aller Kinder, die ins Kinderdorf kommen, kommen nicht direkt
von der Herkunftsfamilie. So waren 30 % der Kinder vorher in
zwei verschiedenen Pflegeverhältnissen, 16 % in drei verschiedenen, 10 % in vier, 2 % in sechs und 1 % in sieben und mehr
Pflegeverhältnissen.

Aus meiner Familie waren allein vier Kinder zuvor in vier verschiedenen Erziehungsverhältnissen gewesen, fünf meiner Kinder
in drei verschiedenen, eines in fünf und ein Junge kam direkt
von seiner Herkunftsfamilie. So war ich für Monika im Alter von
sechs Monaten die fünfte Bezugsperson (wenn man hier von Be-
zugspersonen reden kann).

Ein zweites Beispiel aus der Familie:
Erwin, geb. am 3.11.60, Aufnahme im Kinderdorf am 5.11.67
vom 3.11.60-1.12.60 bei der Kindesmutter/Strafvollzugsanstalt
von Dez. 60 - Dez. 63 im Säuglingsheim in T.
von Dez. 63 - Dez. 66 im Kinderheim in P.
von Dez. 66 - Nov. 67 in der Kinder- und Jugendpsychiatrie in M.

Lassen Sie mich hierzu Dr. Mehringer (1985, S. 15) zitieren.
Er schreibt: "Die Härte ihres Schicksals (also der verlassenen
Kinder) besteht nach meiner Erfahrung vor allem in dem immer
wieder anstehenden Versetztwerden, in dem häufigen Wechsel des sogenannten Zuhauses. Welches Lebewesen (Pflanze, Tier) hält so

häufigen Nestwechsel und Umgepflanztwerden aus? Welches Kind
hält das ohne Schaden aus?"

Ich würde Ihnen gerne an zwei Fallbeispielen die Problematik
entwurzelter Kinder schildern.
Da ist Martin, geb. im Dez. 69. Er kam im Januar 1977 zu uns
in die Kinderdorffamilie. Martin ist eines der vielen Kinder,
die weder Vater noch Mutter kennen. In seiner Aufnahmeakte heißt
es:"Die Vaterschaft konnte nicht festgestellt werden. Die Kindesmutter ist in 2. Ehe verheiratet. Es leben in dem Haushalt ein
weiteres außereheliches Kind und ein eheliches. Das Kind Martin
ist nie bei der Kindesmutter gewesen. Seine Halbgeschwister und
der Ehemann wissen nichts von seiner Existenz. Martin wurde nach
seiner Geburt in eine Pflegefamilie gebracht. Dort lebte er mit
zwei weiteren Pflegekindern (Mädchen). Im Oktober 1975 wurde er
in die Kinder- und Jugendpsychiatrische Klinik in M. eingewiesen.
Die Pflegemutter erwartet Wohlverhalten. Martin reagiert daraufhin sehr aggressiv, er stiehlt, streunt, näßt ein, er kotet ein
und versteckt den Kot in den Schränken der beiden Mädchen. Er
ist sehr eifersüchtig.

Martin war auch in der Kinderdorffamilie nicht einfach. Eifer-
sucht machten ihm und uns das Leben oft unnötig schwer. Mit 15
Jahren wurde sein Verhalten auffälliger. Der Wunsch, seine Eltern kennenzulernen, beschäftigte ihn zunehmend. Es war nicht
leicht, die Adresse der Mutter zu bekommen. Sie war inzwischen
wieder geschieden und hatte in den Jahren häufiger den Wohnort
gewechselt. Ich möchte Ihnen den Brief, den der 15-jährige schrieb,
vorlesen.

Hallo I ( Vorname),

Du wirst Dich wundern, daß Du Post von mir bekommst. Ich bin Dein
Sohn Martin, den Du vor 15 Jahren zur Adoption weggegeben hast.
Kannst Du mir einige Fragen beantworten? Habe ich noch Geschwi-
ster? Wie heißen sie, wo wohnen sie und wie alt sind sie? Wie
ist es mit meinem Vater? Siehst Du ihn öfters oder kennst Du ihn
wirklich nicht? Ich möchte gerne Fotos von Euch und meinen Ge-
schwistern haben, falls es welche gibt. Von mir lege ich ein

Foto bei, damit Du siehst, wie ich aussehe. Schreibe bitte zurück, auch wenn es Dir schwerfällt. Bist Du verheiratet?
Existiere ich überhaupt für Dich? Hast Du Dich schon mal gefragt, was ich überhaupt mache und wie es mir geht? Ich gehe
noch zur Schule. Ich hoffe, daß wir uns mal irgendwann sehen.

Auf Wiedersehen
Martin

Dieser und viele weitere Briefe kamen in den folgenden Monaten
ungeöffnet mit dem Vermerk: Adressat unbekannt verzogen, zurück.
Martins Mutter war nicht auffindbar. Er schreibt nicht mehr.
Aber von Zeit zu Zeit sagt er haßerfüllt: "Irgendwann finde ich
sie, da kann sie sich drauf verlassen". Ich hoffe, daß er diese
Herkunftsproblematik bewältigt.

Als nächstes möchte ich Ihnen den Lebensweg von Sabine, geboren
im November 1975, vorstellen.

Von der Geburt bis zu einem halben Jahr lebte Sabine im Kinderheim in H. Im Alter von 6 Monaten wurde sie in eine Pflegefamilie gegeben. Hier verbleibt sie bis zum Alter von 2 3/4 Jahren mit kurzen Zwischenstationen bei der stark sehbehinderten
Großmutter. 1978 heiraten die Eltern und nehmen das Mädchen
zu sich. Beide Eltern sind behindert. Mutter sehbehindert,
Vater körperbehindert. Nach einem Jahr wird die Ehe wieder geschieden. Häufige Streitereien und tätliche Auseinandersetzun-
gen muß Sabine miterleben. Im November 1980 wird die damals
fünfjährige dem Kinder- und Jugendpsychologischen Dienst vor-
gestellt. Im Bericht der Beratungsstelle heißt es: Bei Sabine
handelt es sich um ein aggressiv gehemmtes Kind. In der Familie
fühlt sich Sabine nicht geborgen. Positive Identifikation mit
einem der Elternteile haben nicht stattgefunden. Die Mutter
beklagt sich über Verhaltensauffälligkeiten wie Stehlen, Lügen,
aggressive Reaktionen, Einnässen. Seit 1980 wird Sabine in un-
regelmäßigen Abständen vom Kinder- und Jugendpsychologischen
Dienst betreut. Im Bericht heißt es, Sabine kann keine Freund-

schaften schließen, ihr Verhalten ist zu unruhig und zu aggressiv. Wegen ihres auffälligen Verhaltens muß Sabine im Schul-
kindergarten alleine sitzen. Das Jugendamt schreibt: Das Verhältnis von Mutter und Tochter ist ambivalent. Die Schwierigkeiten
reichen von starker Verwöhnung, intensivem Körperkontakt und
die abrupt wechselnde Ablehnung bis zur körperlichen Züchtigung
und Hinausschicken aus der Wohnung. 1982 wird Sabine eingeschult. Die Verhaltensstörungen werden
gravierender. Sie beißt ihre Klassenkameradinnen, stört mas-
siv den Unterricht. Im Haushalt wohnt inzwischen der neue Le-
bensgefährte von Frau R. 1983: die Verhaltensauffälligkeiten
von Sabine verschlechtern sich zunehmends. Das Kind läuft häufig
von Zuhause fort. Zweimal wird sie von der Polizei aufgegrif-
fen und nachts zur Mutter zurückgebracht. Sabine ist noch keine
8 Jahre alt.

In der Zusammenfassung des EB-Berichts heißt es: "Zusammenfas-
send handelt es sich um ein intellektuell durchschnittlich be-
gabtes Mädchen, das auf akute und chronische Belastungen mit
den verschiedensten Symptomen einer tiefgehenden neurotischen
Persönlichkeitsentwicklungsstörung reagiert. Da ambulante
therapeutische Bemühungen zum jetzigen Zeitpunkt nicht mehr als
zielführend und erfolgversprechend erscheinen, sollte eine
stationär durchgeführte psychotherapeutische Behandlung umgehend
in die Wege geleitet werden."

Im April 1984 wird Sabine in die Kinder- und Jugendpsychiatrische Klinik in B. überwiesen. In dieser Zeit verläßt der Lebens-
partner Frau R. Es wird beobachtet, daß Frau R. immer mehr
trinkt. Sie unternimmt einen Suizidversuch und wird in die Lan-
desklinik in H. eingewiesen. Im August 1984 holt Frau R. ohne
vorherige Ankündigung ihre Tochter aus der Kinder- und Jugend-
psychiatrischen Klinik. Als Grund gibt sie an, das Kind sei
nicht zufriedenstellend versorgt worden.

Im September 1984 alarmiert das damals 8,7 Jahre alte Mädchen
Polizei und Hausarzt. Ihre Mutter wird von den herbeigerufenen
in völlig betrunkenem Zustand auf dem Fußboden der Wohnung gefunden. Sabine hatte geglaubt, die Mutter habe einen Herzinfarkt.
Was muß in einem ca. 8 1/2jährigen Kind vorgehen, welches mit
solch einer Situation konfrontiert wird. Diese Situation wiederholte sich in der nächsten Zeit noch einige Male. Sabine erzählt später: "Als sie das erste Mal auf der Erde lag, dachte
ich, sie sei tot, darum habe die Polizei und den Arzt angerufen. Beim zweiten Mal glaube ich, wollte sie mich nur prüfen."
Auf meine erstaunte Frage "Wieso prüfen?", antwortete sie: "Ja,
ob ich sie noch lieb habe." In der folgenden Zeit zieht ein
neuer Freund der Mutter ins Haus. Er ist brutal, wenn er ge-
trunken hat. Sabine berichtet mir: Er schlug meiner Mutter drei-
mal die Brille kaputt. Einmal schubste er sie die Treppe hinunter.
Ich habe mich eingeschlossen und die Polizei angerufen. Aber die
Polizei konnte auch nicht viel helfen.

Im November 1984 entwendet Sabine ein Feuerzeug und spielt damit
auf dem Speicher, eine Matratze fängt Feuer. Sabine läuft weg.
Als sie von einer Bekannten wieder nach Hause gebracht wird ,
sind ihre Sachen bereits gepackt. Die Mutter liefert das Kind
im Krankenhaus in H. ab. Dem Jugendamt teilt sie mit, daß sie
das Kind nicht mehr sehen will. Dazu sagt mir Sabine wörtlich:
"Ich durfte mir noch eine Stunde im Haus alles ansehen, dann
mußte ich weg. Meine Mutter hat nicht mehr mit mir gesprochen,
auch auf der Fahrt ins Krankenhaus nicht. (Nach kurzer Pause)
Aber es machte mir nichts, im Krankenhaus waren nette Schwestern."
Im Dezember 1984 wird Sabine zu uns in die Familie gebracht. Sie
ist zu diesem Zeitpunkt 9 Jahre.

Eine Dichte von Schicksal, Unglück und Versagen - Einzelfall ?
Exemplarisch für viele unserer Kinder.

Kinder, die aufgrund ihrer Biographie an den Rand der Gesellschaft geraten sind, müssen wieder in die Gesellschaft zurückge-
führt werden. Die gesellschaftliche Integration randständiger
Kinder war das zentrale Anliegen Hermann Gmeiners. Er konnte
sich das Gelingen dieser Integration nur so vorstellen, daß es
Menschen gibt, die sich für vernachlässigte, sozial behinderte,
entwurzelte Kinder existentiell verbürgen, also ihr Leben mit diesen Kindern ein Stück weit teilen. Damit hat er sich ganz bewußt
abgesetzt von einer bestimmten Form von Fachlichkeit, die Gefahr
läuft, Kinder lediglich distanzierend zu verobjektivieren, zu
behandeln, zu diagnostizieren, zu erziehen. "Kinderdorfmütter
wollen Kinder nicht primär erziehen, sondern ihr Leben ein Stück
weit mit den Kindern teilen, indem sie nicht bei den Kindern,
sondern mit den Kindern leben und für die Kinder dauerhaft Verantwortung übernehmen" (Then 1985, S. 31).

Die Rückführung der Kinder in die Gesellschaft kann nur mit
viel Geduld, Liebe, Behutsamkeit und ständiger Ermutigung geschehen.

Gerade Kinder, die oft über Jahre hinweg in Beziehungen leben
mußten, in denen sie nicht leben konnten, Kinder, die abgelehnt
wurden, die immer nur alles falsch machen konnten, die kaum ge-
spürt haben, daß sich jemand für ihr Lebenkönnen verantwortlich
fühlt, die im Machtkampf der Erwachsenen als Bundesgenossen
mißbraucht, oft total vernachlässigt oder gar mißhandelt wurden,
müssen durch viele kleine Ermutigungen schrittweise lernen:
Ich bin wichtig; ich darf etwas leisten und Erfolg haben; ich
darf so sein wie ich bin; ich darf Fehler machen und Grenzen
haben (Then 1985, S. 32). Mehringer sagt: "Wer selbst akzeptiert
wird, kann auch andere und anderes akzeptieren" (1975, S. 152).

## Kinder am Rande der Gesellschaft - Würde wo - wie ?

Vielleicht sollten wir statt von Würde der Kinder am Rande der
Gesellschaft eher von den Rechten dieser Kinder reden. In Anlehnung an einen Artikel von Frommann (1979, S. 352-363), in dem

sie über die Rechte von Kindern innerhalb ihrer Familie
schreibt, möchte ich die dort referierten Rechte auch und
ganz besonders für die Kinder am Rande der Gesellschaft re-
klamieren:

1. das Recht, erwünscht zu sein
2. das Recht auf materielle Versorgung
3. das Recht auf Erziehung
4. das Recht auf Bildung und Ausbildung
5. das Recht, nicht diskriminiert zu werden
6. das Recht auf Kontinuität
7. das Recht auf wachsende Selbstbestimmung
8. das Recht auf Sinn.

Lassen Sie uns alles tun, um unseren Kindern, allen Kindern
der Welt, ein humanes Leben zu ermöglichen. Kinder haben ein
Recht auf Liebe und Geborgenheit und es liegt in der Verantwortung der Erwachsenen, es ihnen zu geben.

Immer wieder hat es die Welt nötig, in Scham über Verirrun-
gen, sich der Würde der Menschen als Gottes Abbild neu bewußt zu werden. Das Maß der Menschlichkeit zu finden, bedarf
auch im Zeitalter der Technik und der Wissenschaft persönlicher Betroffenheit und inneren Angerührtseins.

In Ihrem Artikel "Die an den Rand gedrängten Letzten/Aller-
letzten" (Bochum 1979, S. 3), Herr Dr. Petri, schreiben Sie:
"Versucht man etwas, diese unterschiedlichen Gruppen Verbin-
dendes zu finden, dann ist es mit Sicherheit dieses: Sie alle
stehen auf der Sprosse der sozialen Leiter ganz unten" -
(und weiter) - "Auf jeden Fall sind sie Betroffene eines un-
entrinnbaren Kreislaufs der Verelendung."

Darf ich als Kinderdorfmutter hinzufügen: Unentrinnbar, wenn
wir, die wir um das Elend, besonders das der Kinder wissen,
nicht all unsere Kraft und Liebe einsetzen, um den Kreislauf der Verelendung zu durchbrechen.

Ich möchte mit einem Wort von Hermann Gmeiner schließen:
"Die Gesellschaft braucht das Kind, denn sie wird über das
Kind erneuert, und der sich stets verändernden Wirklichkeit
angepaßt und bei weitem nicht zuletzt hängt die Qualität des
Lebens, das ein Leben der Gesellschaft ist, von der Qualität
der Beiträge ab, die jeder einzelne zur Betreuung und Erziehung all unserer Kinder leistet."

Literaturverzeichnis:


Conrad, K.G., (Hrsg.)
    Eine Gesellschaft verdirbt ihre Kinder; im Auftrag der
    Deutschen Liga für das Kind in Familie und Gesellschaft,
    II. verbesserte Auflade, Heidelberg 1985;

Deutscher Bundesjugendring (DBJR),
    Stellungnahme zur Situation der Kinder arbeitsloser
    Eltern, in: Forum Jugendhilfe, AGJ-Mitteilungen,
    Heft 2/1987, S. 44 f,

Deutscher Bundestag, 10. Wahlperiode,
    Jugendhilfe und Familie - die Entwicklung familien-
    unterstützender Leistungen der Jugendhilfe und ihre
    Perspektiven, 7. Jugendbericht, Drucksache 10/6730,
    10.12.86;


Engfer, A.,
    Kindesmißhandlungen, Ursachen, Auswirkungen, Hilfen,
    Stuttgart 1986;


Frohmann, A.,
    Die Rechte von Kindern innerhalb ihrer Familie,
    in: Neue Praxis 4/1979 S. 352- 363;

168

Mehringer, A.,

Eine kleine Heilpädagogik, Vom Umgang mit verhaltens-
gestörten Kindern, in: Unsere Jugend 4/1975, S. 145-170;

Mehringer, A.,

Verlassene Kinder, in: Deutsche Liga für das Kind in
Familie und Gesellschaft, München/Basel 11/1985;

Petri, H.,

Die an den Rand gedrängten Letzten/Allerletzten,
in: Petri, H. und Kuhn, E. (Hrsg.) Randgruppen/ Einsamkeit,
Schriftenreihe, Praktische Psychologie Band III,
Bochum 1979;

Then, V.,

Die SOS-Kinderdörfer in Deutschland, SOS-Kinderdorf-
Verlag, München 1985

Diskriminierung der Frau in der christlich-philosophischen
Tradition - ihre Auswirkungen in der Gegenwart und Wege zur
vollen Anerkennung der Personwürde der Frau

============================================================

von Ida Raming

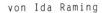

Dr. theol. Ida Raming
geb. 1932 in Fürstenau (Hann.);
studierte Philosophie, Theologie und Germanistik
in Münster und Freiburg i.Br.; gemeinsam mit einigen
europäischen Theologinnen richtete sie im Jahre 1963
eine Eingabe an das 2. Vatikanische Konzil, in der
sie die Aufhebung der Diskriminierung der Frauen
in der katholischen Kirche und ihre Zulassung zu allen
geistlichen Ämtern forderte.
Promotion in Theologie; mehrjährige Tätigkeit als
wissenschaftliche Assistentin am Fachbereich kath.
Theologie der Universität Münster.
Z.Zt. neben einer Teilzeitanstellung als Oberstudienrätin wissenschaftliche Arbeit auf dem Gebiet der
historisch-theologischen Frauenforschung; Lehrauftrag
für feministische Theologie im Jahre 1985 und 1986
an der Kirchlichen Hochschule Bethel und am Fachbereich evangelische Theologie der Universität
Göttingen.

Wir leben in einem Staat, in dessen Verfassung der Frau die
Anerkennung ihrer Personwürde und damit ihre Gleichberechtigung mit dem Mann gesetzlich garantiert ist. Das Grundgesetz: "Männer und Frauen sind gleichberechtigt" (Art. 3
Abs. 2 GG) ist unmittelbar geltendes Recht und stellt eine
verbindliche Norm dar für alle Lebensbereiche, z.B. Ehe,
Familie, Arbeits- und Berufswelt, die sich an dieser Norm
auszurichten haben. Die Grundrechte der Person, z.B. Recht
auf freie Berufswahl, Freiheit der Meinungsäußerung etc.,
haben damit für die Frau wie für den Mann in gleicher Weise
Geltung.
Warum aber ist dieser an sich selbstverständliche Tatbestand überhaupt erwähnenswert? Warum die Erinnerung daran?

Zunächst einmal deswegen, weil wir täglich erfahren, daß
zwischen dem Gleichberechtigungsgesetz einerseits und der
gesellschaftlichen Wirklichkeit andererseits noch eine er-
hebliche Diskrepanz besteht; zum anderen deswegen, weil
eine lange Geschichte der Diskriminierung der Frau, zu
der die christliche Tradition und - oft in Abhängigkeit
davon - auch philosophische Werke des Abendlandes wesentlich beigetragen haben, einer vollen Anerkennung der Personwürde der Frau durch Jahrhunderte hindurch hindernd im Wege
stand und in ihren Auswirkungen bis heute nicht überwunden
ist.
An drei Bereichen (Politik, Bildung und Arbeitswelt) möchte
ich exemplarisch aufzeigen, in welchem Maße es in unserer
bundesdeutschen Gesellschaft noch immer an der Verwirklichung
der Gleichberechtigung und damit an der Anerkennung der Personwürde der Frau mangelt.

Zur Situation der Frau in der Politik.
Jede Bundestagswahl führt uns deutlich vor Augen: Frauen
werden vor der Wahl extrem umworben, um nach der Wahl als
bloße Randgruppe im Parlament - im 10. Deutschen Bundestag liegt der Anteil der weiblichen Abgeordneten ledig-

lich bei 10 % *) - und als Alibifrauen in Regierungsämtern
und Ministerien zu erscheinen. Ihre Repräsentanz in den Ministerien beschränkt sich zur Zeit auf zwei, früher höchstens
auf eine Frau, wobei ihnen die gesamtpolitisch gesehen eher
unwichtigen Ressorts übertragen werden. Wenn man von dem Urteil des Schriftstellers Stendhal ( 19. Jh.) ausgeht, der bereits im vorigen Jahrhundert bemerkte: "Die Gleichstellung
der Frau in der Politik ist das sicherste Zeichen für den
Zivilisationsstand einer Gesellschaft, und sie wird die intel-
lektuelle Kapazität der Menschheit verdoppeln" **), wirft
diese Bilanz ein sehr ungünstiges Licht auf das geistig-kul-
turelle Niveau der Bundesrepublik.

Ähnlich ungünstig liegen die Verhältnisse für Frauen auch im
B i l d u n g s b e r e i c h : Zwar haben sich die Zahlen der Schul-
abgängerinnen und Schulabgänger von den Gymnasien nahezu ange-
nähert, aber der Frauenanteil der Studierenden an den Hochschulen beträgt nur etwa ein Drittel (im Jahre 1982: 38 %). Demgegenüber beträgt der Anteil der lehrenden Professorinnen an
den Hochschulen insgesamt nur 5 %, an den Fachhochschulen liegt
der Anteil etwas höher, an den Universitäten darunter. Nur
2,4 % der C 4-Professorenstellen an den Universitäten sind
von Frauen besetzt. Im sog. "Mittelbau" liegt der Anteil
der Frauen bei etwa 20 % ***). "In der Vorbereitung auf die
Berufswahl in Schulen, bei dem Zugang zu Ausbildung und Beruf
und vor allem bei der Weiterbildung im Erwerbsleben ist die
Benachteiligung von Frauen und Mädchen auffällig. Trotz bes-
serer Schulabschlüsse haben Frauen schlechtere Chancen, einen
Arbeitsplatz zu erhalten ... Durch eine geschlechtsspezifische
Erziehung werden Mädchen bereits im frühesten Kindesalter
durch Normen wie 'Du heiratest ja doch, ... das können Mädchen nicht, das ist unweiblich' in eine bestimmte Rolle ge-

---

*) Vorläufiger Entwurf eines Antidiskriminierungsgesetzes,
herausgegeben von der Bundes-AG Frauen der Grünen, Bonn
1985, 15;

**) Christa Randzio-Plath, Laßt uns endlich mitregieren! Wege
von Frauen in die Politik, Freiburg 1980, 14;

***) Vgl. W. Mohr, Frauen in der Wissenschaft. Ein Bericht zur
sozialen Lage von Studentinnen und Wissenschaftlerinnen im
Hochschulbereich, Freiburg 1987, 78.

drängt. Hier liegt eine der Ursachen dafür, daß Mädchen und
Frauen überwiegend keine qualifizierte Ausbildung bzw. Aus-
bildungen in sog. 'Männerberufen' nicht anstreben. *)
In der Arbeitswelt zeigen sich bekanntlich gravierende
Auswirkungen solcher Erziehung und Chancenungleichheit:
Frauen sind überproportional höher dem Risiko der Erwerbs-
losigkeit ausgesetzt. Löhne und Gehälter von Frauen und Männern weisen nach wie vor krasse Unterschiede auf. Noch immer
wird gleichwertige Arbeit nicht gleich entlohnt. Zwar gibt
es in den Tarifverträgen keine offenen Frauenlohnabschläge
mehr, wie sie in den 50er Jahren noch bestanden. Geblieben
ist jedoch, daß die von Frauen ausgeübten Tätigkeiten überwiegend in unteren Lohngruppen eingestuft werden. Die eine
Hälfte aller gesellschaftlich notwendigen Arbeit, nämlich
die Haus-, Betreuungs- und Erziehungsarbeit leisten unent-
geltlich überwiegend Frauen**). Die katastrophalen Folgen
solcher Arbeitssituation für Frauen im Rentenalter sind unaus-
weichlich. Frauen gehören überwiegend zu den Armen unter den
Rentnern***).

Trotz all dieser erwähnten Mißstände ist die profane Gesellschaft (der BRD) im Hinblick auf die Wertung und Stellung
der Frau, verglichen mit der Situation in der katholischen Kirche, noch immer einen großen Schritt voran.
Während es im staatlichen Bereich das gesetzlich verankerte
Gleichberechtigungsgesetz gibt, das der Frau einen einklag-
baren Rechtsanspruch garantiert, weist die katholische
Kirche bis auf den heutigen Tag der Frau einen inferioren
Status zu, im Gegensatz zur evangelischen Kirche,

---

*) Antidiskriminierungsgesetz (Anm.1) 14; vgl. auch:
Frauenbericht. Bericht der Landesregierung NRW, 1982.

**) Antidiskriminierungsgesetz 14 f; s. auch Frauenbericht
115 ff

***) Antidiskriminierungsgesetz 15; Frauenbericht 171 ff

in der sich spätestens seit 1978 die Gleichstellung der Theologinnen mit den Theologen (im Pfarramt) durchsetzte. In der katholischen Kirche gehören die Frauen ausschließlich zum Laienstand, da sie um ihres Geschlechtes willen von der Ordination und damit von den Ämtern: Diakonat, Priester- und Bischofsamt ausgeschlossen sind (can. 1024, CIC/1983). Der Ausschluß von den genannten Ämtern hat zur Folge, daß nur Männern die Kompetenz auf den Gebieten der verantwortlichen Seelsorge, der offiziellen kirchlichen Lehre und Gesetzgebung vorbehalten ist. Die Frau kann nur in untergeordneten kirchlichen Diensten sehr begrenzt seelsorglich-katechetisch tätig werden. Theologische Forschung und Lehre (an den Hochschulen) sind weitgehend dem (klerikalen) Mann vorbehalten.

Übereinstimmend mit diesen patriarchalischen Verhältnissen ist auch das Gottesbild in den Kirchen männlich geprägt (Vater, Herr), Sprache und Bilder im kirchlichen Raum bestätigen und sanktionieren die Vorherrschaft des Mannes in der Kirche sowie sein volles Menschsein, während sie der Frau verdeutlichen, daß ihr volles Menschsein (trotz der Rede von der Gottebenbildlichkeit der Frau) in Frage gestellt wird *).

Es darf nicht übersehen werden, daß die Diskriminierung der Frau besonders in der katholischen Kirche über den eigenen Bereich hinaus schwerwiegende Auswirkungen hat: Der Rückstand der Kirchen, besonders der katholischen, in der Frauenfrage hemmt auch den Fortschritt in der Gesamtgesellschaft, weil die Mitglieder der Kirchen auch gleichzeitig Staatsbürger/innen sind und ihre Vorstellungen und Prägungen in die Berufs- und Arbeitswelt einbringen. Darüber hinaus gehen aber auch von

---

*) Zur Situation der Frau in der katholischen Kirche siehe folgende einschlägige Veröffentlichungen: B. Brooten u. N. Greinacher (Hrsg.), Frauen in der Männerkirche, München/Mainz 1982; I. Raiming, Der Ausschluß der Frau vom priesterlichen Amt. Gottgewollte Tradition oder Diskriminierung? Köln/Wien 1973; I. Müller, Die Misere katholischer Theologinnen in den deutschen Universitäten, Weinheim 1987; Frauen unsichtbar in Theologie und Kirche, Concilium 21, 1985, H.6

der Kirche als hierarchische Institution repressive und retar-
dierende Einflüsse auf den profanen Bereich aus, was sich geradezu exemplarisch bei der R e f o r m  d e s  E h e - u n d
F a m i l i e n r e c h t s  in den 50er Jahren in der BRD zeigte.
Die deutsche kath. Bischofskonferenz versuchte nämlich durch
wiederholte Stellungnahmen und eine massive öffentliche Einfluß-
nahme eine Neuordnung des Ehe- und Familienrechts im Sinne des
Gleichberechtigungsgesetzes zu verhindern, weil sie der angeblich biblisch und naturrechtlich begründeten Vorrangstellung
des Mannes und der Unterordnung der Frau auch im staatlichen
Bereich Geltung verschaffen wollte. Ihre Absicht war es, ihre
Vorstellungen von der hierarchischen Ehestruktur als allgemein
verbindlich durchzusetzen, selbst wenn das zu einem Verstoß
gegen GG Art. 3 führte. Es bedurfte daher einer besonderen Entscheidung des Bundesverfassungsgerichts (vom 29.7.1959), um
die gegen das Gleichberechtigungsgesetz gerichteten, von katholischer Seite massiv unterstützten Entwicklungen in der Bundesrepublik außer Kraft zu setzen.
Die katholische Amtskirche war in diesem Konflikt unterlegen,
hält aber bis heute zäh an der patriarchalischen Struktur im
innerkirchlichen Bereich fest. Sie beruft sich dabei auf eine
lange, nahezu 2000-jährige Tradition, setzt sich dabei aber
willkürlich hinweg über die Anfänge der urchristlichen Bewegung, die eindeutig in eine andere Richtung wiesen.

## Frauen in der Jesusbewegung

Für eine Frauenbewegung, die sich dem Christentum verbunden
und verpflichtet fühlt, bedeuten die Botschaft Jesu sowie
sein Umgang mit Frauen und Männern richtungweisende Maßstäbe,
die über den zeitgeschichtlichen Horizont hinaus Gültigkeit
haben.
Jesus und seine Jünger/innen lebten als Wanderprediger, sie
predigten die Umkehr der Herzen und das nahende Gottesreich,
das seine Maßstäbe allen irdischen Reichen entgegensetzt.*)

---

*) Vgl. zu diesem Themenkomplex: S. Heine, Frauen der frühen
   Christenheit, Göttingen 1986; G. Dautzenberg u.a.(Hrsg.),
   Die Frau im Urchristentum (Quaestiones disputatae 95)
   Freiburg 1983

Der Ruf Jesu zur Umkehr und Nachfolge richtete sich unter-
schiedslos an Männer und Frauen: Neben der Gruppe der Zwölf
werden Frauen genannt, die Jesus begleiteten (vgl. Lk 8,1-3).
Wer den Ruf zur Nachfolge aufgreift und damit seine alten
(Familien-)Bindungen zurückläßt - auch Menschen, die in der
damaligen Gesellschaft verachtet wurden, wie Dirnen und Zöll-
ner, haben zur Jesusgruppe Zutritt, wenn sie bereit sind, die
Lebensform der Gruppe zu teilen - findet eine neue geschwister-
liche Gemeinschaft, in der es keine Vorrangstellung und Herrschaft von Menschen über Menschen gibt, sondern alle sind aufgefordert, einander zu dienen. Aus der Passionsgeschichte geht
hervor, daß Frauen den Mut aufbrachten, sich in der Nähe des
Kreuzes Jesu, der als Staatsfeind hingerichtet wurde, aufzuhal-
ten und ihm nach seinem Tode die letzte Verehrung zu erweisen
(vgl. MK 25,40 f parr). So wurden sie zu den ersten Empfänge-
rinnen der Botschaft von der Auferstehung Jesu, allen voran
Maria von Magdala, und wurden zugleich beauftragt, diese Botschaft weiterzugeben.

Frauen in den frühen christlichen Gemeinden und ihre Verdrängung aus dem aktiven Gemeindeleben *)

Das Zusammenleben in den frühen (vorpaulinischen und paulini-
schen) Gemeinden war noch weitgehend von den Maßstäben der
Jesuanischen Praxis geprägt. Dies kommt zum Ausdruck in der
urchristlichen Taufformel Gal 3,27 f: "Denn die ihr auf Christus
getauft wurdet, habt Christus angezogen. Da ist weder Jude
noch Grieche, weder Sklave noch Freier, weder männlich noch
weiblich: denn ihr alle seid einer in Christus Jesus."

---

*) Vgl. zu dieser Thematik: Heine a.a.O. 96ff; 146ff; Dautzen-
   berg a.a.O. 158ff; K. Thraede, Ärger mit der Freiheit. Die
   Bedeutung von Frauen in Theorie und Praxis der alten Kirche,
   in: G. Scharffenorth, K. Thraede (Hrsg.), Freunde in Christus
   werden (Kennzeichen Bd.1), Gelnhausen/Berlin 1977, 31-182

Dadurch daß sich die frühchristliche Bewegung mit ihrer Ver-
kündigung auch an die Heiden wandte, kamen auch Frauen aus
dem griechisch-römischen Kulturkreis mit dem Christentum
in Berührung, z.T. begüterte, beruflich selbständige Frauen,
die oft die ersten Adressaten der neuen Botschaft wurden und
ihrerseits verantwortliche Funktionen bei ihrer weiteren Ver-
breitung übernahmen, und zwar nicht nur als Patroninnen
von Hausgemeinden, sondern sie arbeiteten als Diakone (wohl
im Sinne von Gemeindeleiter zu verstehen, vgl. Römer 16,1),
als Lehrer- und Prophetinnen sowie als Missionarinnen und
sammelten Gläubige um sich. Die charismatische Konzeption
von Gemeindedienst ermöglichte also den Frauen eine aktive
Teilnahme am Aufbau, an Leitung und Leben der frühchristli-
chen Gemeinden.
Die bald entstehenden stabilen Ortsgemeinden gerieten jedoch
zunehmend unter einen massiven Anpassungsdruck der in der
übrigen Gesellschaft geltenden Normen. Damit bahnte sich
eine Entwicklung des Christentums an, die zu Ungunsten der
Frau verlief. Um die Wende vom ersten zum zweiten Jahrhundert und in der ersten Hälfte des 2. Jahrhunderts wurden
Pflichtenkataloge (die sog. Haustafeln) aufgestellt, die
sowohl das Gemeindeleben als auch die Familien nach patriarchalischen Prinzipien regelten, die in der antiken
heidnischen wie jüdischen Umwelt allgemein galten. Als Motiv
für diese Anpassung galt (nach 1 Tim 3,7) "das Ansehen bei
denen die 'draußen' sind". In diesen Pflichtenkatalogen
(z.B. Kol 3,18-4,1; Eph 5,22-6,9) ist die Unterordnung der
Frau unter den Mann ein durchgängiges Prinzip, sowohl im
Hinblick auf das Leben in Haus und Familie als auch auf
die Gemeinde. Damit waren alle früheren Tätigkeiten von
Frauen in der Mission und beim Gemeindeaufbau verboten.
Der charismatische Aufbruch, an dem die Frau aktiv beteiligt war, wurde somit durch Ordnungsstrukturen abgelöst,
die besonders die an Haus und Kind gebundenen Frauen betra-
fen. Diese Entwicklung hat in den sog. Pastoralbriefen, die

fälschlicherweise unter dem Namen des Paulus abgefaßt sind
und sich seiner Autorität bedienen, ihren Niederschlag gefunden. Als exemplarisches Beispiel für die Repression der
Frau in Familie und Gemeinde steht 1 Tim 2,9-15.
Aufgrund dessen, daß sich die Ämterstruktur zunehmend verfestig-
te und nach dem Muster von tradierten patriarchalisch gepräg-
ten Institutionen des Judentums und des Hellenismus ausgeschal-
tet wurde, waren Frauen in der Hierarchie der Ämter um die
Jahrhundertwende bestenfalls auf der untersten Stufe: als Ge-
meindewitwe und als Diakonisse zu finden (vgl. 1 Tim 3,11;
5,3-16).
In den folgenden Jahrhunderten nimmt die Verdrängung der Frau
aus dem aktiven Gemeindeleben immer spürbarer zu. Mehrere Kir-
chenordnungen aus dem 3. und 4. Jahrhundert (n.Chr.), die
syrische Didaskalia und die Apostolischen Konstitutionen, enthalten dezidierte Lehr- und Taufverbote für Frauen, die eine
starke Frauenverachtung ausdrücken.*) Da der christliche Got-
tesdienst verstärkt sakrale Züge annimmt und sich an dem Muster
alttestamentlicher ritueller Vorschriften orientiert, leben
die Reinheitsvorschriften des AT (Lev 15, 19-31) im Ausgang
der Antike und im frühen Mittelalter wieder auf. Für die Frau
hat das zur Folge, daß sie nicht zuletzt auch wegen ihrer
"monatlichen Unreinheit", also der Menstruation, aus dem Kult-
bereich verdrängt wird.**)


## Zum Einfluß der Patristik auf die Wertung und Stellung

## der Frau ***)


An der zunehmend frauen- und emanzipationsfeindlichen Entwicklung des Christentums haben die Kirchenväter des 4.-6. Jahrhunderts wesentlichen Anteil. (In diesem begrenzten Rahmen können freilich nur einige wenige charakteristische Grundzüge ihrer
Einstellung zur Frau zur Sprache kommen.) - Durchgehend läßt

---

*)    Vgl. dazu Raming, Ausschluß der Frau 22ff;
**)   Vgl. ebda S. 39f;
***)  Zu diesem Themenkomplex s. A.Kuhn (Hg), Frauen im Mittel-
      alter Bd.2: Frauenbild u. Frauenrechte in Kirche und Gesell-
      schaft, Düsseldorf 1984, 41-62; s. auch Raming, Ausschluß
      der Frau 54 ff

sich bei den Kirchenvätern die Vorstellung vom seinshaften
(anthropologisch und geschlechtlich) wie auch vom ethischen
Minderwert der Frau finden. Frau steht als Inbegriff für
"Schwäche", Triebhaftigkeit, "Fleisch" - im Gegensatz zu
"Geist", Kraft, Wille und Stärke, die mit dem Mann assoziiert
werden. So Augustinus: "So wie das Haus recht ist, wo der
Mann befiehlt und das Weib gehorcht, so ist auch der Mensch
recht, wo der Geist herrscht und das Fleisch regiert wird.
Fleisch steht für Weib, weil Eva aus der Rippe Adams geschaf-
fen wurde" *). Weil der höhere Teil der Seele mit dem Mann,
der niedere mit der Frau identifiziert wird, folgern die
Kirchenväter daraus das Herrscherrecht des Mannes über die
Frau. Diese Form der Geschlechterbeziehung als Herrschaftsverhältnis wird aus Gen 2 (der biblischen Erzählung über die
Erschaffung der Frau aus dem Mann) als auch aus Eph 5
(Vorstellung von der Hauptstellung des Mannes und dem Leib-
Sein der Frau) hergeleitet: "Der Mann wird von der Weisheit
regiert, die Frau aber vom Manne; denn das Haupt des Mannes
ist Christus, das der Frau aber der Mann" **). Die Frau besitzt zwar - nach der Auffassung der Kirchenväter - die
"gleiche vernünftige Erkenntnis" wie der Mann, ist ihm aber
"durch ihr Geschlecht (sexui corporis) unterworfen, wie der
Trieb zum Handeln sich der Vernunft unterordnet ..."***)
Aufgrund solcher Einschätzung sprechen die Kirchenväter
-im Anschluß an 1 Kor 11,3 - der Frau nicht oder nur im
eingeschränkten Sinne die Gottebenbildlichkeit zu -
weil diese Qualität im weiblichen Körper nicht versinnbil-
det werden könne. Da aber auch die gläubige Frau - als Mit-
erbin der Gnade - ihr Geschlecht nicht ablegen könne, werde
sie nur dort zum Ebenbild Gottes wiederhergestellt, wo
"sexus nullus" ist, d.h. "in spiritu mentis suae" ****)

---

*)     PL 35, 1359
**)    PL 34, 204f
***)   PL 32, 866
****) So z.B. Augustinus: PL 42, 1003

Nach Auffassung der Kirchenväter ist die Frau jedoch nicht nur in seinshaft-kreatürlicher Hinsicht zweitrangig und minderwertig, sondern erst recht in ethisch-moralischer Hinsicht; dies folgern sie aus der Erzählung vom Sündenfall (Gen 3) und ihrer Rezeption im Neuen Testament (1 Tim 2,11ff). Ihre Leichtsinnigkeit, ihre Schwäche und ihr Wankelmut hätten das Verderben über die Menschheit gebracht; sie allein trage Schuld am Sündenfall. Zur Strafe dafür müsse die Frau unter Schmerzen Kinder gebären und dem Mann unterworfen sein: "Weil du von der Gleichheit der Ehre keinen rechten Gebrauch gemacht hast, darum ordne ich dich nun dem Manne unter" *). Nur durch den Glauben und durch ein asketisches Leben könne die Frau sich über die Schwäche ihres Geschlechts erheben und die Stufe des Mannes erreichen: " Solange die Frau für Geburt und Kinder lebt, besteht zwischen ihr und dem Manne derselbe Unterschied wie zwischen Leib und Seele; wenn sie aber Christus mehr dienen will als der Welt, wird sie aufhören, Frau zu sein, und 'Mann' wird man sie nennen" **).

Zur Vorstellung von der Frau bei Thomas von Aquin (1225-1274)

In der Geschichte des kirchlich-christlichen Antifeminismus nimmt Thomas von Aquin ***) gewissermaßen eine Schlüsselstellung ein; dies nicht nur den Inhalt seiner Anschauungen betreffend, sondern auch im Hinblick auf seine Bedeutung: er war der maßgebende Scholastiker des 13. Jahrhunderts, wurde bereits i.J. 1323 durch

---

*)     Johannes Chrysostomus (Texte der Kirchenväter, München 1964, Bd. 1 323)

**)    Hieronymus, zit. nach A. Kuhn (Hrsg.): Die Frau im Mittelalter Bd. 2, 61

***)   Dazu s. A. Kuhn (Hrsg.) a.a.O. S. 64-90

Johannes XXII. heiliggesprochen und i.J. 1567 zum Doctor
ecclesiae proklamiert. Kennzeichnend für die Gedankenwelt
des Thomas ist die von ihm hergestellte Symbiose zwischen
mittelalterlicher Theologie und Schrifterklärung und der
Philosophie des Aristoteles, was sich in bezug auf die Einschätzung der Frau so auswirkt, daß Thomas - im Anschluß
an Aristoteles - eine g e n e t i s c h e  M i n d e r b e w e r -
t u n g  d e r  F r a u  vertritt: Die Rolle der Frau bei der
Fortpflanzung wird als passiv eingestuft: "Zum Zeugungsakt
des Mannes steuert die Mutter die amorphe Materie des Körpers bei; die letztere erhält ihre Form durch die gestal-
tende Kraft, die im väterlichen Samen enthalten ist.
(Obgleich diese Kraft nicht die vernunftbegabte Seele erschaffen kann, macht sie die Materie des Körpers bereit,
jene Form zu empfangen)" (S.Th.II-II,26 10,ad1). Dement-
sprechend bezeichnete Thomas die Frau als ein verfehltes
männliches Geschöpf (mas occasionatus); denn die gestal-
tende Kraft im männlichen Samen strebe nach Hervorbringung
seiner vollkommenen Gleichheit im männlichen Geschlecht. Die
weibliche Existenz sei zurückzuführen auf eine Störung in
der gestaltenden Kraft (des Vaters) oder auf eine gewisse
materielle Indisposition, vielleicht sogar auf bestimmte
äußere Einflüsse, wie z.B. auf feuchte Südwinde. So wird
die Frau als ein im Verhältnis zum Mann weniger vollkommenes
Wesen (deficiens, minus perfectum) definiert, die allerdings
dennoch im Schöpfungsplan Gottes bzw. in der Absicht der
Natur eine bestimmte Funktion habe, weil sie "als Gehilfin
des Mannes" zum Werk der Fortpflanzung benötigt werde; zu
jedem anderen Werk jedoch finde der Mann im andern Mann
eine bessere Hilfe als im Weib (STh i q.92 a.1).
Aufgrund der vermeintlich ungleichwertigen Funktionen von
Mann und Frau bei der Zeugung neuen Lebens folgert Thomas:
"Vater und Mutter werden geliebt als die Urheber unseres
natürlichen Seins. Freilich ist der Vater in einer hervor-
ragenderen Weise Urheber als die Frau, da er der aktive
Urheber ist, während die Mutter die passive und stoffliche
Urheberin ist. Folglich gebührt, genau genommen, dem Vater

die größere Liebe" (STh II-II,26,10c).
Thomas bleibt jedoch nicht bei der genetischen Minderbewer-
tung der Frau stehen, sondern behauptet darüber hinaus bzw.
im Zusammenhang damit eine g e i s t i g - e t h i s c h e und
r e l i g i ö s e  I n f e r i o r i t ä t der Frau. Sie steht nach
seiner Meinung "von Natur aus dem Manne an Kraft und Würde
nach" und "ist ihm von Natur aus unterworfen, denn im Manne
überwiegt von Natur aus die Unterscheidungskraft des Ver-
standes" (STh I q.92 a 2ad 2). Aus diesem Grunde konnte die
Frau angeblich auch leichter verführt werden, da sie weniger
widerstandsfähig gegenüber der Begierlichkeit sei als der
Mann.
Da sich Thomas auf unterschiedliche, z.T. sich widersprechen-
de Bibelstellen bei seiner Auffassung von der Frau stützt,
bleibt es nicht aus, daß er sich selbst auch in Widersprüche
verwickelt: In Anlehnung an Gen 1,27 gibt er zu, daß Abbild
und Abglanz Gottes sich sowohl im Mann und in der Frau finden, weil er auch den Besitz einer vernunftbegabten Seele
bei beiden Geschlechtern als naturgegeben und wesenhaft ansieht. Im Anschluß an 1 Kor 11,7 ("die Frau ist Abglanz des
Mannes") behauptet er jedoch: "Mit Bezug auf etwas Zweitran-
giges liegt freilich im Manne ein Ebenbild Gottes vor, wie es
sich im Weibe nicht findet; denn der Mann ist Ursprung und
Ziel des Weibes, wie Gott Ursprung und Ziel der gesamten
Schöpfung ist" (STh I 93, 4 ad 4). Die philosophische Anthropologie des Thomas (seine Auffassung von der vernunftbegabten
Seele, die die Gottebenbildlichkeit in beiden Geschlechtern
ausmacht) steht somit in Gegensatz zur angeblichen Inferiori-
tät der Frau, die er aus der traditionellen Bibelauslegung,
aus der aristotelischen Biologie und aus dem sozialen Status
der Frau der damaligen Zeit herleitet.
Die Auffassungen des Thomas von Aquin hatten über den binnen-
kirchlichen Bereich hinaus verhängnisvolle Auswirkungen für
alle Frauen: Thomas - wie überhaupt die Scholastik - lieferte
die theoretische Grundlage für den Hexenwahn, der in der Zeit
zwischen 1500 und 1750 Tausenden von Frauen das Leben kostete,
indem er die Theorie von der Teufelsbuhlschaft - in Anlehnung

an Gen 6,1-4 - entwickelte. Für Ketzer und Hexen, gerieten
sie wegen des Vorwurfs der Teufelsbuhlschaft in den Verdacht
der Ketzerei, hielt er die Verbrennung als die geeignete Strafe:
"Ketzer sind Söhne Satans und haben hier auf Erden wie dieser
zu brennen" (STh II 9.11 Art. 3 u. 4).

## Einstellung der Reformatoren (besonders Luthers) zur Frau [*]

In dieser langen Geschichte der Abwertung der Frau brachte
die Reformation allerdings nicht die von etlichen Frauen, die
sich zur Reformation bekannten, erhoffte Wende.

Luther selbst hielt unter Berufung auf alttestamentliche
und paulinische Schriftstellen an der Unterordnung der Frau
fest, sowohl in bezug auf die Ehe als auch auf die Kirche, obwohl er sich in anderen Punkten (z.B. Zölibat, Primat des
Papstes) deutlich von dem mittelalterlich-scholastischen Kir-
chenrechtssystem absetzte. In den Kreisen der führenden Refor-
matoren bestand kein Interesse an der gleichberechtigten Mitarbeit von Frauen in den Gemeinden noch an einer durchgreifenden
Verbesserung der Stellung der Frau in der Familie. Zwar betont Luther die Bedeutung gegenseitiger Liebe, Zuneigung und
Achtung in der Ehe, tastet aber nicht die Auffassung von der
patriarchalischen Ehestruktur an.

Sehr folgenschwer wirkte sich für unverheiratete Frauen die
Abschaffung des Klosterstandes in der Reformationszeit aus.
Frauenklöster waren oft eine Stätte weiblicher Gelehrsamkeit,
sie boten - im Vergleich zur Stellung der Ehefrau in der damaligen Zeit - weit größere Entfaltungsmöglichkeiten für Frauen,

---

[*] Im folgenden stütze ich mich auf die einschlägigen
Publikationen: A. Zimmerli-Witschi, Frauen in der Reformationszeit (Diss. der philos. Fakultät der Universität
Zürich 1981); B. Becker-Cantarino (Hrsg.), Die Frau von
der Reformation zur Romantik, Bonn 1980, 7-35

auch auf religiösem Gebiet; deshalb widersetzten sich Ordens-
frauen weit stärker der Aufhebung ihrer Klöster als Ordensmän-
ner, die weniger zu verlieren hatten.

Abgesehen von diesen - im ganzen gesehen - eher ungünstigen
Bedingungen für einen Fortschritt der Frau in der Reformation,
wirkte sich ein Faktum sowohl in der damaligen Zeit als auch
auf längere Sicht hin positiv aus: Mit der Einführung der
Priesterehe brachte die Reformation eine Besserstellung der
sozial deklassierten Priesterkonkubinen. Die Legalisierung
eines bestehenden Verhältnisses bedeutete für diese Frauen und
ihre Kinder fraglos einen sozialen Aufstieg.

Wurde auch die patriarchalische Struktur durch die Reformation
nicht durchbrochen und überwunden, so ist doch unübersehbar,
daß von ihr entscheidende Impulse auf sozialem und politischem
Gebiet ausgingen. Auf Luthers Schrift "Die Freiheit eines
Christenmenschen" beriefen sich die aus ihrer drückenden Leib-
eigenschaft sich erhebenden Bauern; allerdings ging es bei dieser Freiheitsbewegung nur um die "Freiheit des gemeinen Mannes"
- die Befreiung der Frau aus unwürdigen Fesseln war nicht im
geringsten intendiert!

## Einstellung von Philosophen des 18. Jahrhunderts zur Frau

Philosophen des 18. Jahrhunderts, die in der Tradition des
Christentums standen und entscheidende theoretische Grundlagen
für die Überwindung der Feudalstruktur sowie für die Befreiung
des bürgerlichen Standes entwickelten, z.B. Kant, Fichte, Hegel
u.a., hielten dennoch in bezug auf die Wertung der Frau an der
überkommenen Vorstellung von der Unterordnung der Frau unter den
Mann fest. Sie sahen in dem Mann den eigentlichen Menschen, in
der Frau nur die "andere", nicht zur Freiheit und Eigenständigkeit Berufene.

Vor allem bei J . G . F i c h t e (1762-1814) ist eine deutliche
Übereinstimmung mit den Vorstellungen des Thomas v. Aquin über

die Frau erkennbar *). Nach Fichte ist der Mann nach außen,
d.h. außerhalb des Hauses gleicher, freier Bürger, nach innen
absoluter Herrscher und Patriarch. Da die Frau als Eigentum
des Mannes betrachtet wird, steht sie wie nach antikem Hausrecht und auf diesem basierenden Denken des Thomas v. Aquin
unter Hausrecht: "Das unverheiratete Weib steht ... unter der
Gewalt der Eltern (d.h. des Vaters), das verheiratete unter
der des Mannes, ... dem es ganz unbedingt unterworfen ist**)".
"Im Begriff der Ehe liegt die unbegrenzteste Unterwerfung der
Frau unter den Willen des Mannes" ***).
Außerhalb des Hauses sind Frauen nicht existent, sie sind
bürgerlich tot, bedürfen nicht der bürgerlichen Rechte: Der
Mann ist " ihr natürlicher Repräsentant im Staate und in der
ganzen Gesellschaft. Dies ist ihr Verhältnis zur Gesellschaft,
ihr öffentliches Verhältnis. Ihre Rechte unmittelbar durch sich
selbst auszuüben, kann ihr gar nicht einfallen"****). -
Nach Fichte ist das idealistische Denken dem Mann vorbehalten, das "Niedere", der Instinkt, den verachteten Frauen.
Das bürgerliche Bildungsmonopol und - in Verbindung damit -
das Monopol auf öffentliche Ämter sollen dem Mann allein vorbehalten bleiben. *****)

Die Begründung: "Er, der alles, was im Menschen ist, sich
selbst gestehen kann, wonach die ganze Fülle der Menschheit
in sich selbst findet, überschaut das ganze Verhältnis, wie

---

*)     Vgl. H. Schröder, Die Eigentumslosigkeit und Rechtlo-
       sigkeit der Frau in der patriarchal-bürgerlichen poli-
       tischen Theorie, dargestellt am Beispiel von J.G.Fichtes
       Grundlage des Naturrechs, Göttingen o.J. (Dissertation)
       152 f; s. auch A. Stopczyk, Was Philosophen über
       Frauen denken, München 1980, 141 ff
**)    Schröder a.a.O. 77
***)   Ebda 144
****)  Schröder 92
*****) Schröder 106; Stopczyk a.a.O. 142 ff

das Weib selbst es nie überschauen kann". *)

Aus diesen Aussagen wird deutlich: Sobald Fichte die Frauenfrage behandelt, fällt er zurück in mittelalterliche, vom Hexenwahn geprägte Denkweise, - ohne diesen pseudo-christlichen Ursprung ist seine Frauenverachtung nicht erklärbar. Er setzt sich
damit ausdrücklich ab gegen solche Männer, die die Befreiung der
Frau aus ihrem unwürdigen Status befürworten, z.b. gegen Vertreter des aufgeklärten säkularisierten Naturrechts, z.b. Locke
und Thomasius, die "rund 100 Jahre vor Fichte, Ehe bereits als
Verhältnis von Gleichen bzw. als Vertrag zwischen Mann und Frau
konzipierten und nicht als Herrschaftsverhältnis". **)

J.J.Rousseau (1712-1778), geistiger Wegbereiter der Französischen Revolution und der Romantik, maßt sich wie Fichte und
andere Philosophen das Recht an, Wesen und Aufgaben der Frau zu
definieren. Die Frau steht nach seiner Meinung nicht auf der
Stufe des Mannes, sondern ist ihm untergeordnet und auf ihn hin
bezogen. Deshalb lehnt er auch weibliche Gelehrsamkeit als gegen
die Natur der Frau gerichtet ab: "Ihre Studien müssen sich auf
das Praktische beziehen; ihre Sache ist es, die Prinzipien anzuwenden, die der Mann gefunden hat .... Wenn es nur vernünftige
Männer auf der Welt gäbe, so bliebe jedes gelehrte Mädchen ihr
Leben lang alte Jungfer". ***) Wenn Rousseau erklärt, daß der
Mensch in einem vorgesellschaftlichen Zustand, also im "Naturzu-
stand", frei geboren sei und von der Natur mit menschlichen und
bürgerlichen Rechten ausgestattet sei, so beschränken sich diese
Aussagen nur auf den Mann. Die "Natur der Frau" ist nach Rousseau
eine andere, entgegengesetzte und prädestiniert sie zur Unterwerfung unter den Mann"****).

---

*)      Schröder 105, s. auch Stopczyk 145f
**)     Vgl. Schröder 106, 119 mit A. 142
***)    So H. Schröder (Hrsg.), Die Frau ist frei geboren. Texte
        zur Frauenemanzipation Bd. I /1789 bis 1870) 50,
****)   So H. Schröder (Hrsg.), Die Frau ist frei geboren. Texte
        zur Frauenemanzipation Bd. I (1789 bis 1870) 50

Die patriarchalische Ehe sollte demnach unverändert erhalten
bleiben, Frauen sollten keineswegs in die "Menschen- und Bürgerrechte" einbezogen werden. In Übereinstimmung mit diesen
Theorien der geistigen Wegbereiter der f r a n z ö s i s c h e n
R e v o l u t i o n fiel denn auch die "Erklärung der Rechte
und Bürger " aus, die im Jahre 1789 von der französischen
Revolutionsregierung verkündet wurde: Sie ist "nur eine
Deklaration der Männerrechte, nicht der Menschenrechte; denn
die Hälfte der französischen Menschen, die Frauen, sind in den
Begriff, in die Definition des Menschen und Bürgers wieder
nicht einbegriffen"[*].Gegen diese Ausklammerung der Frauen
- entsprechend der Parole "Freiheit, Gleichheit, Brüderlichkeit" - wendete sich eine der ersten Feministinnen,
O l y m p e   M a r i e   d e   G o u g e s,mit ihrer Deklaration der
Rechte der Frau und Bürgerin" von 1791. Mit diesem politischen Dokument wurde die Befreiungsbewegung der Frauen vor
fast 200 Jahren initiiert. In ihrer Deklaration richtet
O. d. Gouges eindringliche Fragen und Anklagen an den Mann:
"Mann, bist du fähig, gerecht zu sein? Eine Frau stellt dir
diese Frage. Dieses Recht wirst du ihr zumindest nicht nehmen
können. Sag mir, wer hat dir die selbstherrliche Macht ver-
liehen, mein Geschlecht zu unterdrücken? Deine Kraft? Deine
Talente? Betrachte den Schöpfer in seiner Weisheit. Durch-
laufe die Natur in all ihrer Majestät, die Natur, der du
dich nähern zu wollen scheinst, und leite daraus, wenn du es
wagst, ein Beispiel für diese tyrannische Herrschaft ab ...
Extravagant, blind, von den Wissenschaften aufgeblasen ...
will (der Mann) in diesem Jahrhundert der Aufklärung und
Scharfsichtigkeit, doch in krassester Unwissenheit, despotisch
über ein Geschlecht befehlen, das alle intellektuellen Fähigkeiten besitzt" [**]. - Der 1. Artikel der Erklärung lautet:
"Die Frau ist frei geboren und bleibt dem Manne gleich in

---

[*] So Schröder, Die Frau ist frei geboren. Bd. 1, 20
[**] Die gesamte Deklaration ist abgedruckt bei Schröder,
Die Frau ... Bd. 1 S. 31-49; der oben zitierte Text:
S. 35

allen Rechten" *). O. de Gouges fordert im einzelnen, daß
die Frau an Gesetzgebung und Rechtsprechung gleichberechtigt
beteiligt wird, ferner, daß das Eigentum unter den Geschlechtern, d.h. den Eheleuten, aufgeteilt wird. Darin, daß Frauen
mit den Männern zusammen an allen Erwerbszweigen teilnehmen,
sieht sie ein "untrügliches Mittel, die Würde der Frau zu he-
ben"**). In einem Nachwort wendet sie sich mit einem beschwö-
renden Appell an die Frauen: "Frauen, wacht auf! Die Stimme
der Vernunft läßt sich auf der ganzen Welt vernehmen! Erkennt
eure Rechte! Das gewaltige Reich der Natur ist nicht mehr um-
stellt von Vorurteilen, Fanatismus, Aberglauben und Lügen.
Die Fackel der Wahrheit hat alle Wolken der Dummheit und Ge-
walttätigkeit vertrieben. ... Der Mann hat eurer Kräfte be-
durft, um seine Ketten zu zerbrechen. In Freiheit versetzt,
ist er nun selbst ungerecht geworden gegen seine Gefährtin.
O Frauen! Frauen, wann hört ihr auf, blind zu sein? Welches
sind die Vorteile, die ihr aus der Revolution gezogen habt?
Ihr werdet noch mehr verachtet, noch schärfer verhöhnt ..."***)
Es ist offensichtlich, O. de Gouges mit ihrem feministisch-
politischen Engagement den bürgerlichen Revolutionären, die
die Frauen vom Bürgerrecht ausschließen wollten, eine unbe-
queme Gegnerin war. Die Antwort war denn auch brutal: Sie
wurde verhaftet und auf dem Schaffott hingerichtet, als sie
die Blutherrschaft Robbespierres kritisiert und ihn öffentlich einen Mörder genannt hatte. ****) - Eine fundierte Unterstützung ihrer Forderungen erhielt O. de Gouges durch J e a n
A . de C o n d o r c e t (1743-1994), Sozialphilosoph und Politiker: Nach seiner Auffassung führt die Benachteiligung und
Zurücksetzung der Frau, also die Ungleichheit zwischen den

---

*)    Schröder Bd. 1, 36
**)   Vgl. Schröder Bd. 1 , 37, 53, 45
***)  Schröder Bd. 1, 40
****) Vgl. Schröder Bd. 1, 31

Geschlechtern, notwendig zur Korruption und ist deren häufig-
ste Ursache.*) Auch für die auf die F r a n z ö s i s c h e
R e v o l u t i o n  folgenden Freiheitsbewegungen und durch sie
inspirierten Deklarationen und Verfassungen im 19. Jahrhundert gilt weiterhin der Ausschluß der Frau aus dem Begriff
Mensch und Staatsbürger, auch wenn sie von Rechten des Menschen sprechen, so auch für die Revolution in Deutschland im
V o r m ä r z  1 8 4 8  und die auf sie folgende  N a t i o n a l -
v e r s a m m l u n g   i n  F r a n k f u r t : Frauen waren davon als
stimmberechtigte Mitglieder ausgeschlossen.
Diese Diskriminierung rief den Protest der ersten und be-
deutendsten Vorkämpferin für ökonomische, bürgerliche und politische Rechte der Frauen in Deutschland,  L o u i s e  O t t o
( 1 8 1 9 - 1 8 9 5 )  hervor. In ihrem politischen Gedicht
"Für alle" beklagt sie, daß die Freiheitsbewegungen des 18.
und 19. Jahrhunderts "Menschenrecht" als "Männerrecht" deklariert hatten: "Dem Männerrecht nur galt das Ringen / Das Frauen-
recht blieb in den alten Schlingen .. / Der Menschheit Hälfte
blieb noch ohne Recht / Blieb von dem Ruf: "für alle" ausge-
nommen - / Ihr muß erst noch der Tag des Rechtes kommen ..."**)

Erst in unserem Jahrhundert erfolgte die Korrektur der Ausgrenzung der Frau aus dem Begriff des Staatsbürgers und Menschen: Nach dem 1. Weltkrieg - am 30. November 1918 - wurde
den Frauen in Deutschland das aktive und passive Wahlrecht ver-
liehen. In der  W e i m a r e r  R e i c h s v e r f a s s u n g  findet
das Prinzip der Gleichberechtigung der Frau in Art. 9 Berücksichtigung. Es heißt dort: "Männern und Frauen haben grundsätzlich dieselben staatsbürgerlichen Rechte und Pflichten".
Die Formulierung zeigt aber bereits, daß eine durchgreifende
staatsbürgerliche Gleichstellung von vornherein verhindert werden sollte. Die Erklärungen der Weimarer-Verfassung zum Ver-

---

*)   Vgl. Schröder Bd. 1, 62

**) Das gesamte Gedicht ist abgedruckt in E. Moltmann-Wendel
     (Hrsg.), Frauenbefreiung. Biblische u. theologische
     Argumente, München/Mainz 1978², 30 ff

hältnis der Geschlechter haben weitgehend bloß programmatischen
Charakter, vor allem auf dem Gebiet des Ehe- und Familienrechts,
- das patriarchalisch strukturierte Ehe- und Familienrecht des
BGB vom Jahre 1900 blieb weiterhin in Geltung.
Erst im Jahre 1949 - also nach dem 2. Weltkrieg - wurde die un-
eingeschränkte Gleichberechtigung durch den Art.3 des GG
unmittelbar geltendes Gesetz. Allerdings erfolgte die Anwendung
dieses Grundgesetzes auf das Ehe- und Familienrecht erst im
Jahre 1957, aber auch dann noch unzureichend und eingeschränkt,
so daß weitere Reformen auf diesem Gebiet in der Folgezeit notwendig wurden.

Unsere historische Erinnerung und Rückschau ist damit an den
Ausgangspunkt unserer Überlegungen wieder angelangt: Für eine
Gleichberechtigung von Frauen und Männern sind die gesetzlichen
Grundlagen in der Bundesrepublik Deutschland geschaffen - im
Gegensatz z.B. zur katholischen Kirche. Eine Erfüllung des
Gleichberechtigungsgesetzes steht jedoch noch weitgehend aus.
Angesichts der noch immer vorhandenen Zurücksetzung und Dis-
kriminierung der Frau, die vielfache Formen aufweist oder ka-
schiert wird, ist uns die Aufgabe gestellt, nach Wegen für eine
volle Anerkennung der Personwürde der Frau in unserer Gesell-
schaft zu suchen.

## Wege zur vollen Anerkennung der Personenwürde der Frau

Im Rahmen dieser Ausführungen kann ich lediglich einige Schrit-
te auf dieses Ziel hin andeuten bzw. skizzieren:
- Die Anerkennung der Eigenständigkeit und Personenwürde der
  Frau basiert ganz wesentlich auf ihrer ökonomischen
  Unabhängigkeit vom Mann. Deshalb muß die ge-
  schlechtliche Arbeitsteilung überwunden werden: Beruf und
  Familie sollten für Frauen wie für Männer miteinander vereinbar sein. Die Voraussetzung dafür ist nicht zuletzt, daß
  Männer und Frauen gleichermaßen Berufs- und Familienpflich-
  ten wahrnehmen, was auf Dauer durch eine Änderung der Wirt-
  schafts- und Arbeitswelt ermöglicht werden müßte.

- Um die Benachteiligung und Zurücksetzung von Frauen auf
allen gesellschaftlichen Ebenen: im A r b e i t s - u n d
B e r u f s l e b e n, auf dem B i l d u n g s s e k t o r, in der
J u s t i z, in der W e r b u n g und im D i e n s t l e i -
s t u n g s b e r e i c h durchgreifend zu überwinden, bedarf
es besonderer F r a u e n - F ö r d e r u n g s m a ß n a h m e n,
die über die (inzwischen eingerichteten) Gleichstellungs-
stellen auf Bundes- und Landesebene hinausgehen. Letztere
haben keine Entscheidungskompetenzen, sie können nur appel-
lieren, raten und mahnen. Effektive Frauenförderungsmaßnahmen bedürfen daher einer gesetzlichen Grundlage. Verfassungsrechtlich sind sie zulässig.*) Solche gesetzlich verankerten Frauenförderungsmaßnahmen bzw. ein A n t i d i s -
k r i m i n i e r u n g s g e s e t z, wie es in anderen Ländern
(z.B. USA, England, Dänemark, Norwegen, Schweden) längst
existiert, kann jedoch nur auf politischem Wege durchge-
setzt werden. Damit sind die Frauen herausgefordert, zu
einer ernsthaften politischen Willensbildung und Solidarität hinzufinden.
Da solche Maßnahme zur Durchsetzung des Gleichberechtigungsgesetzes auch von Männern mitunterstützt werden muß, sind
auch s i e dazu aufgefordert, von ihren Privilegien Abstand zu nehmen, den ungerechten Herrschaftswillen, der
auch ihr Menschsein verkürzt und verkümmern läßt, zu überwinden und eine neue humane Einstellung zu gewinnen. Sie
müßten die Bereitschaft zum wirklichen Teilen mit den Frauen
in allen Lebensbereichen entwickeln.

- Da die K i r c h e n als moralische Instanzen die Anschauungen und Verhaltensweisen von Menschen in unserer
Gesellschaft wesentlich prägen, darf die inferiore Stellung

---

*) Vgl. dazu E. Benda, Quoten verfassungsgemäß, in:
Konsens. Informationen des Deutschen Akademikerinnen-
bundes 3, 1987, H.3, 5f

der Frau vor allem in der katholischen Kirche nicht
länger kritiklos hingenommen werden. Es ist an der Zeit, daß
Menschen in und außerhalb der Kirche(n) ihren Protest gegen
diese Diskriminierung unmißverständlich zum Ausdruck bringen.
Mit der Überwindung der Abwertung der Frau in ihren vielen
Spielarten und Schattierungen wird endlich eine qualitativ
neue Stufe der Entwicklung der Menschheit erreicht, die weit
dringender und notwendiger ist als ein bloß technischer Fortschritt.

DIE  STUDIENGESELLSCHAFT  FÜR PRAKTISCHE PSYCHOLOGIE e.V.


stellt sich vor:

Vorstand: Ministerialrat i.R. Dr.med. Harald Petri, Viersen
Vorsitzender
(Medizin, insbesondere Psychiatrie und Neurologie,
Psychohygiene)

Diplom-Physiker Walter Simm, Leverkusen
Stellvertretender  Vorsitzender
(Physiker)

Geschäftsstelle zur Zeit unbesetzt

Gertrud Knoll, Cuxhaven
Kassenführerin

Wissenschaftlicher Beirat:

Prof.Dr. theol. Eberhard Amelung, München
(Evangelische Theologie)

Dr. phil. Paul Fringes, Geilenkirchen
(Pädagogik)

Prof. Dr. med. Dipl. Psych. Theodor F. Hau,
Freiburg (Psychotherapie)

Prof. Dr. med. Kurt Heinrich, Düsseldorf
(Psychiatrie)

Landesrabbiner i.R. Dr.h.c.N. Peter Levinson
Heidelberg (Jüdische Theologie)

Prof. Dr.rer.nat. Elisabeth Müller-Luckmann,
Braunschweig (Psychologie)

Akad. Oberrat Dipl.-Ing. Libor Schelhasse,
Architekt, Aachen, (Technik/Architektur)

Rechtsanwalt Dr.jur. Ulrich Seidel, Köln
(Rechtswissenschaft)

Dipl.-Physiker Andreas Wünschmann, Kirchheimbolanden
(Naturwissenschaft)

Prof. Dr. phil. Irmgard Zepf, Köln
(Bildende Kunst und ihre Didaktik)

---

Interessenten, die der Gesellschaft beitreten wollen, wenden
sich bitte an den Vorstand der Studiengesellschaft für praktische Psychologie e.V., Mülhausener Str. 100, 4060 Viersen 12
(Hagen).

Der Jahresbeitrag beläuft sich auf DM 80,--. Über die Aufnahme
entscheidet der Vorstand.

Anschriften der Referenten dieser Tagung:

1) Ministerialdirigent Dr.jur.Gustav A. Altenhain,
   4000 Düsseldorf, Justizministerium Nordrh.-Westf.

2) Oberstudienrat Dr.phil. Paul Fringes,
   5130 Geilenkirchen, Carl-Diem-Str.33

3) Professor Dr.jur. Günther Jaenicke,
   Direktor des Instituts für ausländisches
   und internationales Wirtschaftsrecht Frankfurt,
   Wissenschaftliches Mitglied der Max-Planck-
   Gesellschaft
   6906 Leimen/Baden, Waldstr. 13

4) Oberstudienrätin Dr. theol. Ida Raming,
   4402 Greven 1, Überwasserstr. 8

5) Professor Dr. theol. Joachim Ringleben,
   3400 Göttingen, Dahlmannstr. 24

6) Professor Dr. med. Paul Schölmerich,
   6500 Mainz, Weidmannstr. 67

7) Diplom-Physiker Walter Simm,
   5090 Leverkusen 1, Feuerbachstr. 1

8) Hedwig Wedi, SOS-Kinderdorf Lippe,
   4938 Schieder/Schwalenberg 2, Forstweg 1